Blucher

a linguagem invisível da
TIPOGRAFIA
ESCOLHER, COMBINAR E
EXPRESSAR COM TIPOS

ERIK **spiekermann**

TRADUÇÃO
Luciano Cardinali

São Paulo

Stop Stealing Sheep & find out how type works, *second edition*
© 2003 Adobe Systems Incorporated.

A linguagem invisível da tipografia – Escolher, combinar e expressar com tipos
© 2011 Editora Edgard Blücher Ltda.

Blucher

Edgard Blücher *Publisher*
Eduardo Blücher *Editor*
Fernando Alves *Editor de desenvolvimento*

Luciano Cardinali *Tradutor*
Vânia Cavalcanti de Almeida *Preparação de texto*
Thiago Carlos dos Santos *Revisão de provas*
Join Bureau *Diagramação*
Consolo&Cardinali Design *Capa*
Colaboraram nesta edição Filipe Negrão e
Miguel de Frias e Vasconcelos Filho

Rua Pedroso Alvarenga, 1245, 4º andar
04531-012 – São Paulo – SP – Brasil
Fax 55 11 3079 2707
Tel 55 11 3078 5366
editora@blucher.com.br
www.blucher.com.br

Segundo Novo Acordo Ortográfico, conforme 5. ed.
do *Vocabulário Ortográfico da Língua Portuguesa.*
Academia Brasileira de Letras, março de 2009.

É proibida a reprodução total ou parcial por
quaisquer meios, sem autorização escrita da Editora.

Todos direitos reservados pela Editora
Edgard Blücher Ltda.

Ficha Catalografica

Spiekermann, Erik
    A linguagem invisível da tipografia:
escolher, combinar e expressar com tipos /
Erik Spiekermann; tradução Luciano Cardinali.
– São Paulo: Blucher, 2011.

    Título original: Stop stealing sheep & find
out how type works.
    2. ed. norte-americana.
    ISBN 978-85-212-0615-6

    1. Tipografia 2. Tipografia – Linguagem
3. Tipos para impressão I. Título.

11-09050   CDD-686.224

Índices para catálogo sistemático
1. Tipos para impressão: Tipografia   686.224

Page 8 **Capítulo 1:** **Tipos estão em toda parte**

Os tipos existem. São uma parte fundamental de nossas vidas. Esses fatos simples são essenciais para a compreensão de como se comunicar com mais eficiência.

24 **Capítulo 2:** **O que é tipo?**

Entre o passado e o futuro dos tipos, nosso entendimento atual dos tipos está arraigado no que somos e no modo como nos comunicamos. O tipo é uma entidade viva integrada às tendências e ao espírito da sociedade.

36 **Capítulo 3:** **Observan do os tipos**

Treinar o olhar para reconhecer tipos começa com elementos familiares na página. Observando tanto a forma básica da tipografia quanto seus pequenos detalhes é o primeiro passo para compreender como os tipos funcionam.

58 **Capítulo 4:** **Tipos com um propósito**

Escolher tipos para uma proposta específica não precisa ser mais assustador que arrumar seu guarda-roupas. Combinar o tipo apropriado com a tarefa certa é fácil.

74 **Capítulo 5:** **O tipo constrói a personalidade**

Entender o tom ou o espírito do texto é essencial para determinar que tipo usar e como pode ser disposto numa página.

96 **Capítulo 6:** **Tipos de tipos**

Uma vez compreendidas as características básicas dos tipos, a dificuldade em identificar o tipo pode desaparecer. Diferenças simples entre tipos são mais bem entendidas pela analogia com as formas humanas.

122 **Capítulo 7:** **Como funcionam**

Tipos legíveis e fáceis de ler dependem de poucos princípios básicos: espaço entre letras individuais e entre palavras. Escolher o tipo certo para o texto certo também significa usar o espaçamento certo.

142 **Capítulo 8:** **Colocando-os para funcionar**

Considerar onde os tipos vão atuar determinará sua eficiência. Regras simples de posicionamento criam layouts de páginas funcionais.

156 **Capítulo 9:** **Não existe tipo ruim**

O tipo é o elemento básico da comunicação. Enquanto a forma de comunicação muda, os tipos evoluem de modo único e vigoroso.

174 **Capítulo 10:** **Forma final**

Bibliografia, índice remissivo, índice de tipos, créditos, glossário.

Aplicar kerning? Espaçar minúsculas? Profissionais de todas as áreas, sejam dentistas, carpinteiros ou cientistas nucleares, se comunicam usando um vocabulário fechado e incompreensível aos de fora do seu meio; Designers de tipos e tipógrafos não fogem à regra. A terminologia tipográfica soa tão enigmática que afasta a todos, exceto aos mais obstinados tipomaníacos. O propósito deste livro é esclarecer a linguagem da tipografia para pessoas que querem se comunicar mais eficientemente com os tipos.

Vemos tantos tipos que às vezes simplesmente paramos de olhar. Isso não é necessariamente ruim, como no caso deste sinal que nos diz que não devemos entrar nesta rua entre as onze e as seis, nem entre as onze e as seis e muito menos entre as onze e as seis.

Hoje em dia as pessoas precisam de melhores maneiras de se comunicar com um público cada vez mais diversificado. A experiência nos ensina que o que temos a dizer fica mais fácil para os outros entenderem se aplicarmos a voz correta; os tipos são essa voz, a linguagem visível que liga o autor ao leitor. Com milhares de fontes tipográficas disponíveis, escolher o tipo certo para expressar mesmo a mais simples ideia é desafiador para a maioria, menos para profissionais experientes.

Neste livro são usadas imagens familiares para mostrar que a tipografia não é uma arte para poucos privilegiados, mas uma ferramenta poderosa para qualquer um que tenha algo a dizer e necessite fazê-lo numa tela de vídeo ou num impresso. Você terá uma grande oportunidade para descobrir por que há tantas fontes tipográficas, como devem ser usadas e por que a maioria delas é necessária no dia a dia.

Esta pequena imagem é da primeira edição deste livro, impresso em 1992. Desde então, as autoridades de Estocolmo organizaram os sinais e modernizaram os equipamentos, mas estenderam o horário de restrição até as 6h00. Entretanto, os cidadãos não acompanharam a mudança.

7

Esta é uma barra lateral. Como você pode ver pelos tipos menores, o texto aqui não é para os menos ousados nem para o leitor casual. Todas as informações que possam ser um pouco pesadas para os principiantes estão nestas colunas mais estreitas; porém, é muito prático quando alguém é infectado pelo primeiro ataque da tipomania.

Para aqueles que já sabem alguma coisa sobre tipos e tipografia, ou para aqueles que querem apenas checar alguns fatos, ler alguma fofoca e balançar a cabeça aos nossos comentários opinativos, aqui é o lugar.

Em 1936, Frederic Goudy estava na cidade de Nova York para receber um prêmio de excelência em design de tipos. Ao receber o certificado, deu uma olhada e declarou que "qualquer um que espaceja uma letra gótica (blackletter) deve roubar ovelhas" * Este foi um momento incômodo para um homem sentado na plateia que havia caligrafado o texto no certificado. Posteriormente, o Sr. Goudy se desculpou profundamente, alegando que havia dito aquilo em termos gerais.

Você deve ter notado que na contracapa deste livro lê-se "letras minúsculas", enquanto aqui citei "letras góticas" – duas coisas bem diferentes. Letras minúsculas, em oposição a LETRAS MAIÚSCULAS, são o que você está lendo agora; black letter ou letra gótica não são vistas frequentemente e parecem com esta.

Não sabemos ao certo como "letras góticas" desta história mudaram para "letras minúsculas", mas sempre as conhecemos com a última expressão. De qualquer jeito, faz todo sentido. Ao terminar de ler este livro, esperamos que tenha entendido e se deleitado com o pronunciamento do Sr. Goudy.

PAUL WATZLAWICK

Você não pode *não* comunicar.

Paul Watzlawick (1922–2007) é autor de *Pragmatics of Human Communication*, um livro sobre a influência da mídia no comportamento das pessoas. "You cannot not communicate" é conhecido como o Primeiro Axioma da Comunicação de Watzlawick.

CAPÍTULO 1

Tipos estão em toda parte

11

Você já esteve no Japão? Um amigo que esteve lá recentemente relatou que nunca tinha se sentido tão perdido na vida. Por quê? Porque não conseguia ler nada: nem sinais de estrada, nem etiquetas de preços e tampouco instruções de qualquer espécie. Isso o fez sentir-se um ignorante, disse. Também o fez perceber o quanto dependemos da comunicação escrita.

Imagine-se num mundo sem os tipos. É verdade que poderia fazê-lo sem algumas das onipresentes mensagens publicitárias, mas sequer saberia o conteúdo das embalagens do seu café da manhã. Certamente há figuras nelas – vacas pastando num papel acartonado sugerem que há leite dentro e embalagens de cereais possuem apetitosas imagens para despertar a fome. Mas pegue um saleiro ou o pimenteiro e o que você procura? S e P!

Funciona na maioria dos idiomas, evitando erros insípidos: *S* **para Sal e** *P* **para Pimenta.**

Tente achar seu rumo sem os tipos e estará tão perdido quanto a maioria de nós estaria no Japão, onde há muitos tipos para ler, |mas apenas para aqueles que aprenderam a ler o conjunto certo de caracteres.

Você mal abriu os olhos quando tem que digerir seu primeiro bocado de tipos. De que outra maneira você saberia quanto cálcio cabe em sua colher?

DIE ZEIT
WOCHENZEITUNG FÜR POLITIK · WIRTSCHAFT · HANDEL UND KULTUR

THE WALL STREET JOURNAL EUROP

Frankfurter Allgemeine
ZEITUNG FÜR DEUTSCHLAND

INANCIAL TIME

Herald INTERNATIONAL Tribune
PUBLISHED WITH THE NEW YORK TIMES AND THE WASHINGTON POST

LE FIGARO économie

Le Monde
Cahier Initiatives-Métie

Russie : un général arbitre du second tour P.23

La Tribune

Para alguns, o café da manhã não seria o mesmo sem o jornal matinal. E ei-los aqui de novo: os inevitáveis tipos. A maioria os chama de "impressos" e não presta muita atenção às sutilezas tipográficas. Provavelmente você nunca comparou os pequenos tipos de texto em jornais diferentes, mas sabe que alguns jornais são mais fáceis de ler que outros. Deve ser porque têm tipos maiores, imagens melhores e muitas manchetes para guiá-lo pelas notícias. Não obstante, todas essas diferenças são transmitidas pelos tipos. Na verdade, o aspecto e a personalidade de um jornal são obtidos pela tipografia usada e pelo modo como está disposta na página. Reconhecemos facilmente nosso jornal favorito na banca, mesmo se olharmos apenas um canto da página, do mesmo modo que reconhecemos nossos amigos pelas mãos ou pelos cabelos. E, assim como as pessoas são diferentes pelo mundo afora, o mesmo ocorre com os jornais de cada país. O que parece totalmente inaceitável para um leitor norte-americano irá agradar um leitor francês ao desjejum, enquanto um italiano pode achar um diário alemão demasiadamente monótono.

É claro que não é sempre a tipografia ou o design que distinguem os jornais, mas também a combinação de palavras. Alguns idiomas possuem muitos acentos, como o francês; alguns têm palavras muito longas, como o alemão ou o finlandês; outros usam palavras extremamente curtas, como nos tablóides britânicos. Nem todo tipo é apropriado para todos os idiomas, o que também explica por que certos estilos de tipos são populares em determinados países e não necessariamente em outros.

Os tipos dizem muito mais a respeito de um jornal do que as próprias palavras.

O que aparenta ser temerosamente complexo e incompreensível a pessoas que apenas conseguem ler o alfabeto latino informa a maioria da população mundial. O chinês e o árabe são falados por grande parte dos habitantes do Planeta.

Alguns dos acentos, sinais especiais e caracteres vistos em idiomas além do inglês dão a essas línguas um caráter único.

A bargain that benefits everyone

Publisher **Taylor & Francis** is poised to make an offer for rival firm **Blackwell's** after a family feud erupted among the owners of the Blackwell's chain.

IoS
Helen Liddell, secretary of state for Scotland, this week urges the airlines running Britain's cash-strapped air traffic system to rethink plans to postpone the development of a new national control centre.

Helen Liddell

HSBC is poised to write off as much as £1.4bn as a result of exposure to the Argentine economic crisis.

Sunday Express
Railtrack boss John Armitt is drawing up plans to axe 1,100 jobs from the group, almost 10% of the workforce.

NTL, Britain's largest cable company, has been forced to consider an emergency cash injection to stave off bankruptcy.

The Business
Cazenove, the stockbroker, has declared pre-tax profits of £9.6m for the six months to October 31, according to accounts filed at Companies House.

Hugh Osmond, a City financier, has held talks with Sir Mark Weinberg about making a £500m bid for Life Assurance Holding Corporation.

Hugh Osmond

Business confidence among British companies is at its lowest level since the global financial crisis of 1998 and is likely to worsen, a report by Lloyds TSB says.

Larry Elliott

The strikes and pay disputes on the railways appear to have caught ministers about governments, not this one. One node of officialdom that we've been shocked is the Bank of England, where there has been an unhappy reaction to the tightness of the labour market would spill over into pay higher pay. The only surprise is that it has taken so long. In skilled workers in the UK, and in the south quarter marks 10 years of unemployment growth in the UK, and in the south where the main flashpoints are there are only a few islands of inner-city unemployment...

According to the index, we could take a 0.6% pay cut and be just as well off this year as last

As a stroll down any high street in some counties quickly reveals, the telling their labour are in a very comfortable position. Inflation may be at 1% in other ways the region shows the classic signs of overheating: rising prices, acute shortages of labour. The skilled are wanted by bars, restaurants and shops, where business is booming as a result of strong consumer demand, while the extra money being pumped into health and education means that the public sector is also catering for a shrinking pool of workers. On the railways, the outlook for employees is even brighter. The generation of the network, the decision of operating companies to cut the number of drivers in order to boost profitability and the stiff penalties imposed on firms failing to meet the targets for delays and cancelled trains, mean that the conditions could hardly be better for the unions, which are using what unions are supposed to do — seeking to improve the living standards of members. The pay deal being negotiated are good ones, but the fact is that most people in a job are doing well in the current climate. The headline inflation rate stands at 0.7%, average earnings — when overtime and bonuses are taken into account — are rising by 4.4%. So real incomes are rising at a healthy 3.5% a year. The government's tax and price index, which shows what sort of pay increase we need to keep pace with inflation once tax changes are taken into account, is negative for the first time since it was introduced in the mid-70s. According to TPI, we could take a 0.6% pay cut and be just as well off this year as we were last year.

This represents a far more benign environment than in the past. In 10 years, for example, growth in average earnings never dipped below 7.5%, despite the increase in unemployment to more than 3m. The recent pay survey from the CBI shows that, far from decelerating, settlements in services and manufacturing were easing back in the six months of 2001.

Miniscule impact

It also was customary in recent years for the earnings figures to show in February and March, reflecting the gargantuan size of City bonuses. The disastrous year in the financial markets, these are likely to have minimal impact this year. As any estate agent in London and the south-east would confirm, the impact of City jobs on overheating in the region has been considerable, not just ratcheting house prices but boosting the takings of restaurants and increasing demand for a range of the domestic economy. The well-off have neither the time nor the inclination to do for themselves. Against this, the impact of the pay deals on the railways is minuscule. In any case, the rail unions are simply doing what we are all supposed to do: obtaining the great god of market forces. When demand exceeds supply, it is normal for the price to go up.

The Bank's concern, however, is over elements way above the rate of inflation becoming the norm. There is mild optimism that pay negotiators have become used to low inflation and expect it to last but, paradoxically, one of the problems at the moment is that inflation is so low that everyone is objectively generous settlements appear miserly.

At the Bank, the combination of falling unemployment in recent years means the evidence than there once was in the ability of officials to put a precise number on the level of joblessness at which the cost of living starts to rise, the so-called non-accelerating inflation rate of unemployment. But there is still a firm belief that at some point the labour market becomes so tight that workers are less inhibited in their struggle for higher wages, thereby contributing to the costs and dearer prices. Indeed, at the present, the rate of growth of average earnings growth is consistent with hitting the government's 2.5% target, because two percentage points of the rise in pay packets is thought to be covered by productivity growth, with the rest fed through inflation higher prices.

Actually, the situation is more complex than that because the introduction of competition — one argument is that train operators — means that certain costs in higher prices and have to accept lower profits instead. This conjunction of rising real incomes and falling profits explains why consumer spending is so strong and investment growth is so weak.

So what happens next? One of three things. The first is that at the first sign of higher wages in the average earnings figures and the retail prices index the Bank raises interest rates aggressively to increase the cost of borrowing until higher unemployment forces down the level of pay settlements. This was the way earnings were brought down in both the early and the late 80s, with all the attendant serious social consequences that followed.

The second is that firms accept settlements they cannot afford with the result that the current differential between corporate profit and consumer spending not only persists but also intensifies. Should this happen, the Bank would not have to raise rates but the consequence would be once worse because firms would stagnate. This would weaken the economy and put pressure on the Bank. Consumer spending still flowing through cuts in interest rates is the last thing that many of the monetary policy committee want to see to do.

The final option would be a more grown-up approach to wage bargaining. According to this economic model, pay rules are imposed on decentralised collective agreements in terms of maximisation of the trade-off between wages and employment is our present model, but this arrangement between the two sides of industry union leaders find entirely sensible.

Permanent residents

That said, it is one of those war history that rarely happens. It is negotiated annually, but mostly importantly never happened in Britain, the struggles in the labour market have been the continuing story.

Having inherited an economy that was delivering decent jobs, the government has set about the claimant count of work to fire first the century. The really real trouble though is that this parliament is likely to be a permanent to the past time and Thatcherism — be a massive tax increase which will empty permanent residents rary quest. That will take involvement government activity while, if there's no sacrifices for the greater good who can afford this prescription involves.

larry.elliott@guardian.co.uk

Debate Andrew Mackenzie and David Rice

Companies can show the way to a more ethical world

Globalisation has weakened and marginalised political institutions, business is asked to fill the gaps. But it is being asked to lead the way towards a more ethical world without the authority or incentive to do so. Politicians need to become more confident about setting standards for business, based on an internationalist approach.

Firms find themselves invited to turn economic agents into a progressive force that spreads greater equality and quality of life. A business can be made for such an explicitly ethical stance. Multinational corporations could...

Happy to be seen as powerful advocates for human rights and the environment. Societies that are repressive, undemocratic, lawless and corrupt are unstable and bad for business; environmental damage makes business unsustainable.

There is a reasonable fear that multinational corporations will nurture profit regardless of other considerations, and duck their new ethical responsibilities. Ultimately companies must respond to economic indicators, even when they take the longer term view. So how can they show that ethical behaviour is important? A more constructive look would allow us all to...

Good for business? And can economic models ensure creating more space for political and social control on business? Government and society must set the ethics agenda for business; the question is whether they are ready. To answer it, we need to consider the role of the media. The media view of business is defined now by two features. First, bad news sells. Secondly, few mainstream journalists have much experience in industries other than their own. There is a general assumption that industry is the unethical force. A more constructive look would allow us all to be much more optimistic about an ethical future by creating more space for politics, but also for industrialists to lead.

Finally, politics needs to recover its confidence, and to recapture some of the initiative from corporations at a time when governments' influence seems to be shrinking. Globalism has opened the way to new development model, where companies as the main vehicles for delivering social, environmental and economic change. The question is how? If, politicians and regulators should think beyond environmental aim that care often work against a more holistic view capable of producing real wellbeing. Second, governments could bring society's and consumers' desires for greater business ethics by positively discriminating in favour of ethically sound companies. Thirdly, they could define and articulate more...

Politics needs to regain confidence and recapture the initiative

All his work is political. His break with old politics is are not popular, with the aim of winning popularity while others agree on business of business. He can take the moral high ground. Andrew Rice is director of the personal and social change charity UK 2020. The Moral Universe, published by Demos...

Briefing Charlotte Denny

Argentina sends IMF back to the drawing board

Isso nos remete aos tipos e jornais. O que pode parecer muito óbvio e normal para você, quando lê seu jornal diário, é o resultado de um planejamento cuidadoso e de muita habilidade. Até mesmo os jornais com páginas que aparentam certa bagunça são diagramados segundo um complexo grid de alinhamentos e uma rígida hierarquia.

A obra artística vem na oferta da informação de tal modo que a atenção do leitor não é desviada para saber como alguém cuidadosamente arranjou cada linha, cada parágrafo e coluna em páginas estruturadas. Design – neste caso, ao menos – deve ser invisível. As tipografias usadas nessa árdua tarefa são, consequentemente, "invisíveis" por definição. Elas têm que parecer tão normais que você nem nota que as está lendo. E é justamente por isso que desenhar tipos é uma profissão tão desconhecida; quem pensa nas pessoas que produzem coisas invisíveis? Contudo, cada passo na vida é definido, expresso e dependente dos tipos e da tipografia.

O *The Guardian*, um dos mais influentes jornais britânicos, é projetado em um grid.

Mais e mais pessoas leem as notícias não em papel, mas |em telas de TV ou monitores. Os tipos e o layout devem ser reconsiderados para essas aplicações.

Assim como o jornal da página oposta foi diagramado de acordo com uma intrincada estrutura subjacente, este livro foi projetado dentro de um grid próprio de alinhamentos.

A página está dividida em partes iguais, cada uma com a mesma proporção da página toda, p. ex.: 2:3. A página é feita de até 144 retângulos, cada um medindo 12 por 18 mm, 12 retângulos horizontais e 12 verticais. Isso cria páginas de 144 por 216 mm, ou quase 5 $^{21}/_{32}$ por 8 ½ polegadas. As colunas são múltiplos de unidades de 12 mm. Por causa da necessidade de um espaço entre colunas, 3 mm (ou mais para colunas mais largas) têm que ser subtraídos desses múltiplos de 12 para se chegar à largura certa da coluna.

A distância entrelinhas dos tipos é medida em múltiplos de 1,5 mm. Todos os elementos tipográficos estão posicionados nesse grid de linhas-base de
_ 1,5 mm que é fino o bastante
_ para ser quase invisível ao leitor,
_ mas que ajuda na construção do
_ layout e na produção. A disciplina
_ que esse tipo de grid fino oferece
_ dá o mesmo tipo de coerência
_ à página quanto tijolos numa
_ construção. Eles são pequenos
_ o bastante para permitir todos
_ os estilos de arquitetura,
_ enquanto servem como um
_ denominador comum para
_ todas as outras proporções.
_

Se pensar que a escolha de uma fonte tipográfica é algo de pouca importância, porque ninguém notaria a diferença mesmo, você ficaria surpreso em saber que especialistas gastam um tempo enorme e muito esforço aperfeiçoando detalhes que não são vistos por olhos não treinados.

É um pouco como ter ido a um concerto, tê-lo apreciado completamente e, então, na manhã seguinte, ler nos jornais que o regente foi incompetente, a orquestra estava fora do tom e as músicas indignas de serem executadas. Enquanto você teve uma ótima noite, alguns críticos estavam infelizes com a performance porque os padrões e expectativas deles eram diferentes dos seus.

O mesmo acontece quando você toma uma taça de vinho. Enquanto você pode estar perfeitamente feliz com o que estiver bebendo, alguém na mesa fará uma careta e discorrerá minuciosamente sobre a elevada temperatura daquela garrafa, como a safra não foi tão boa e que por acaso ele tem em casa uma caixa cheia de coisas maravilhosas que o tio de um amigo importa diretamente da França.

Isso o torna um tolo ou simplesmente diz-lhe que há vários níveis de qualidade e satisfação em tudo que fazemos?

Comida e design: com que frequência compramos pela promessa tipográfica sem conhecer muito sobre o produto? Estereótipos são abundantes – algumas cores sugerem certas comidas, tipos específicos sugerem certos sabores e qualidades. Sem esses sinais não verbais, não saberíamos o que pedir ou comprar.

JEDEM DAS SEINE

SUUM CUIQUE

Chacun à son goût

Como dizem na Inglaterra: "Traços diferentes para povos diferentes".

Os tipos de comidas e bebidas conhecidos pela humanidade são quase ilimitados. Não se espera que alguém conheça todos. Um guia por esse labirinto de sabores e alimentos, pelo sustento ou por gulodice, nos é dado pelos rótulos dos produtos desde que sejam embalados em recipientes que possam suportar informação. Sem tipografia não saberíamos qual produto contém o que ou o que deveria ser usado de qual modo.

Não é de admirar que os tipos em embalagens de comida sejam frequentemente em estilo caligráfico, pois fontes padrão parecem não ser capazes de expressar sua vasta gama de sabores e promessas. Atualmente a escrita manual, muitas vezes, indica o uso de programas de computador, como o Adobe Illustrator, que combinam design e ilustrações em um nível nunca imaginado até décadas atrás. Tudo que um designer gráfico puder imaginar pode ser produzido com extraordinária qualidade.

Efeitos que mimetizam a escrita manual, o entalhe em pedra, a costura ou gravura são todos obtidos eletronicamente.

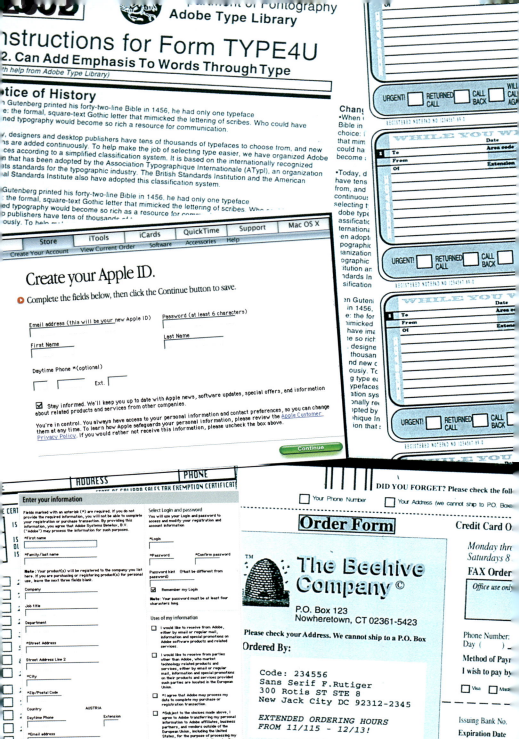

Enquanto pode ser divertido observar rótulos de vinho, barras de chocolate ou caixas de doces para estimular nosso apetite para comidas ou tipos (dependendo da sua preferência), a maioria de nós decididamente não aprecia um tipo de comunicação igualmente predominante: os formulários.

Se você pensar a respeito, terá que admitir que formulários comerciais processam muitas informações que seriam terrivelmente chatas de serem escritas novamente a todo instante. Tudo que você faz é ticar um quadradinho, assinar seu nome e obter o que quiser. A menos, é claro, se estiver preenchendo o seu imposto de renda, quando eles obtêm o que pediram; ou a não ser que o formulário seja tão mal escrito, diagramado ou impresso (ou todos os anteriores) que você passa maus momentos tentando entendê-lo. Dadas as escolhas tipográficas disponíveis, não há desculpas para a produção de formulários ruins, notas fiscais ilegíveis, requerimentos desajeitados, recibos ridículos ou cédulas de votação completamente confusas. Não há um só dia que passe sem alguém ter que enfrentar impressos dessa natureza. Essa experiência poderia facilmente ser mais agradável.

Enquanto os formulários online oferecem uma paleta muito reduzida de opções tipográficas, ao menos, eles provêm alguns recursos automáticos que auxiliam no trabalho maçante da digitação repetida do número do seu cartão de crédito.

O aspecto "genérico" da maioria dos formulários comerciais sempre deriva de restrições técnicas. Mas até quando não há mais essas restrições, o aspecto permanece, frequentemente confirmando nosso preconceito contra esse tipo de comunicação padronizada.

Estas são algumas das novas fontes desenhadas para funcionar bem em dispositivos de saída com baixa resolução, tais como impressoras a jato de tinta e tela.

Fontes criadas com restrições técnicas.

A tipografia usada em comunicações comerciais tem sido projetada para uma tecnologia em particular – reconhecimento óptico de caracteres, impressoras por agulhas, máquinas de escrever com tipos monoespaçados e outros equipamentos.

O que antes era uma restrição técnica pode se tornar hoje uma tendência. O aspecto "sem design" do OCR-B, os bons e velhos tipos de máquinas de escrever, mesmo as impressoras matriciais e outros alfabetos de baixa resolução, foram todos explorados por designers para evocar certos efeitos.

Se quiser evitar qualquer discussão sobre as fontes que estiver usando em suas cartas ou faturas, você pode ceder às Courier, Letter Gothic ou outra fonte monoespaçada (veja p. 125), mesmo que elas sejam menos legíveis e tomem mais espaço que fontes "mais apropriadas". Você poderia ser sutilmente mais corajoso e tentar um daqueles novos designs que foram criados especificamente para ter legibilidade e economia de espaço, assim como atender às expectativas do leitor.

.Handgloves
BASE 9

.Handgloves
LUCIDA

.Handgloves
ITC OFFICINA

.Handgloves
VERDANA

.Handgloves
LETTER GOTHIC

.Handgloves
COURIER

.Handgloves
OCR-B

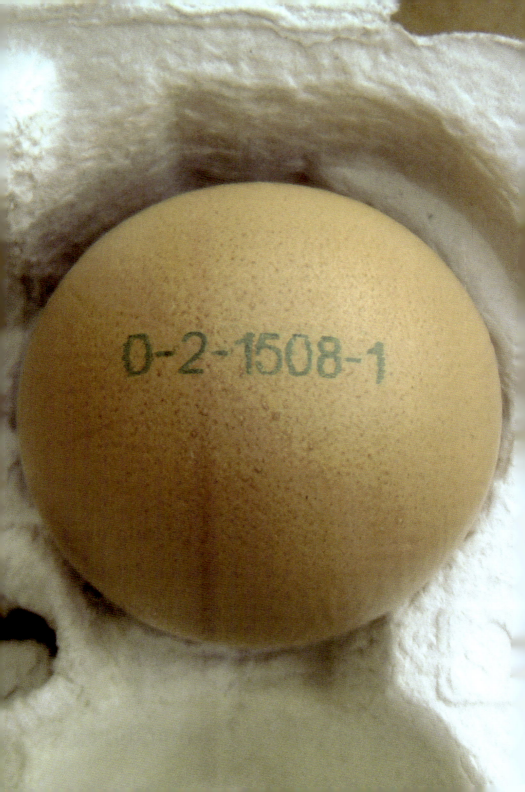

Cada usuário de PC sabe o que é uma fonte, chama algumas delas pelo primeiro nome (p. ex.: Helvetica, Verdana e Times) e preza a capacidade das fontes transmitirem emoções diferentes. Apesar de o que vemos na tela ser, na verdade, quadradinhos desconectados que enganam nossos olhos com formas reconhecíveis, esperamos agora que todos os tipos pareçam "impressos".

Embora haja uma tendência de exagerar os design de tudo e obrigar a tecnologia a fazer coisas para as quais nunca foi planejada, como imprimir sobre ovos crus, ao menos podemos continuar nossos exercícios tipográficos mesmo quando decidimos se a comida que compramos é um alimento ou não.

Quando cada ovo tem informações estampadas nele, imaginamos como os tipos foram parar lá. Teriam as galinhas seus próprios carimbos? Ou todos os ovos rolam por uma máquina que suavemente imprime sobre a mais frágil das superfícies? E teriam diferentes tipos de ovos diferentes tipos de letra neles? Brush Script para ovos caipira (veja p. 163), Copperplate para os caros e gourmets ovos de ganso e Helvética para ovos de granjas industriais?

Não sabemos se os produtores do Brunello di Montalcino deliberadamente escolhem tipos altos para os rótulos de suas garrafas de vinho, mas os elementos largamente espaçados e as versais robustas possuem certa elegância. Como demonstra a Monotype, com sua Andale Mono (que é gratuita nos softwares da Microsoft), há espaço para o bom design mesmo com as restrições de um sistema de fontes monoespaçadas. Código de barras e números OCR são inseparáveis, mas mesmo esse alfabeto genérico já inspirou uma nova fonte inteiramente. E se você precisa imitar a impressão em cascas de ovos, FF Atlanta tem as linhas irregulares necessárias para fazê-lo convincentemente. Enquanto os fabricantes de impressoras matriciais tentam simular logotipos reais, os designers de fontes reais distribuem as ferramentas para imprimir os seus recibos do supermercado.

E 5

4 Frankfurt

555

Köln Mitte

Köln Süd

555

Bonn

Rodenkirchen

350 m

Köln   Köln   Köln

A   Din-Schrift, invertida.

B   Tipos em superfície retroiluminada com luz radiante.

C   Formas de letras mais explícitas ajudam (o é mais oval, os pontos são redondos).

Algumas das mais penetrantes mensagens tipográficas nunca foram realmente projetadas e tampouco a tipografia em que foram compostas. Algum engenheiro, administrador ou contador em algum departamento governamental teve que decidir como os sinais nas estradas ou rodovias deveriam ser. Essa pessoa provavelmente formou uma comissão feita de outros engenheiros, administradores e contadores, os quais, por sua vez, recorreram a um quadro de especialistas que incluiriam fabricantes de sinalização, especialistas em segurança de tráfego, lobistas de associações automobilísticas e ainda mais engenheiros, administradores e contadores.

Pode apostar que não houve sequer um tipógrafo ou designer gráfico nesse grupo, como mostram os resultados, de nenhum sinal nem houve qualquer preocupação com legibilidade, sem falar em comunicação e beleza. Contudo, estamos presos à sinalização de nossas rodovias. Elas dominam nossos espaços abertos, formando uma vasta parte da cultura visual do país.

As formas das letras desses sinais foram construídas a partir de padrões geométricos simples e não da escrita ou de letras desenhadas, isso porque tinham que ser recriadas pelos fabricantes de sinalização por todo o país. Parece que nosso alfabeto oficial está aqui para ficar, mesmo que seja possível usar outros tipos mais adequados para a tarefa.

Din (*Deutsche Industrie-Norm* = Normatização Industrial Alemã) é a palavra mágica para tudo que pode ser medido na Alemanha, incluindo a tipografia oficial alemã, apropriadamente (e não por acaso) chamada de Din-Schrift. Desde que foi disponibilizado em formato digital, esse tipo foi escolhido por muitos designers gráficos que o admiram por suas delgadas linhas geométricas, características que não o tornam uma boa escolha para projetos de sinalização mais complexos.

Sistemas de sinalização têm que atender a demandas complexas. Tipos em negativo (p.ex.: tipos brancos sobre um fundo azul), aparentam ser mais pesados que tipos em positivo (p.ex.: preto sobre branco), e sinais retroiluminados diferem qualitativamente dos iluminados pela frente. Se você tiver que ler um sinal em movimento (de um carro, p.ex.), ou quando estiver parado numa plataforma bem iluminada, ou numa emergência – todas essas situações requerem um tratamento tipográfico cuidadoso. No passado, esses assuntos foram altamente negligenciados, em parte por pela quase impossibilidade de serem implantados e também porque os designers decidiram ignorar esses problemas, deixando-os para outras pessoas que não estavam cientes que tipos especiais poderiam ajudar a melhorar a situação.

As fontes, agora, têm sido projetadas com uma série de pesos rigorosamente relacionados para poder oferecer o tipo mais adequado, se for um escuro sinal retroiluminado com tipos brancos, ou apenas palavras pretas sobre branco, iluminadas pelo sol. As informações PostScript™ contidas nesses tipos em desenhos e aplicativos de layout podem ser usadas para produzir as letras em qualquer tamanho, em vinil, metal, madeira ou em qualquer outro material usado em sinalizações.

Não há mais desculpas para designs ruins de sinalização, seja em nossas estradas, seja dentro de nossos prédios.

Preto sobre branco parece mais fino que branco sobre preto. Pesos diferentes podem compensar esse efeito.

D Mas ainda a retroiluminação representa um problema.

E Os tipos têm que ser um pouco mais leves, para que finalmente …

F … Fiquem mais legíveis que no exemplo B. Esta fonte é a FF Info.

TALLULAH BANKHEAD

É menos complicado
do que parece.

Tallulah Bankhead (1903–1968)
foi uma atriz internacionalmente
famosa e uma figura pública
escandalosa. A Sra. Bankhead fez
todas as coisas erradas com total
estilo e com altíssimo bom gosto.

CAPÍTULO 2

O que é tipo?

MPCAE
TRAIAN
MAXIMO
ADDECLA
MONSETLO

Desde que as pessoas começaram a registrar coisas pela escrita, tiveram que considerar o seu público antes mesmo de colocar a pena no papel: as letras teriam que parecer diferentes, tanto para ser lidas por muitas pessoas (em documentos oficiais ou inscrições), quanto por apenas uma pessoa (uma carta) ou exclusivamente para o próprio escritor (um caderno de notas ou diário).

Teria havido menos margem para conjecturas se as formas das letras fossem mais formais à medida que os leitores aumentavam.

Uma das primeiras mensagens a serem lidas por um grande número de pessoas foi delineada não por penas, mas por cinzéis e talhadeiras. As grandes inscrições em monumentos na Roma antiga foram cuidadosamente planejadas, com as letras desenhadas com pincel diretamente na pedra antes de serem entalhadas. Mesmo se a tinta corretiva já existisse naqueles dias, não teria ajudado a reparar os erros feitos na pedra. Um pouco de planejamento foi ainda mais importante então, pois às vezes os pedreiros representavam uma despesa maior do que as próprias lajes de mármore ou granito.

O alfabeto Oficial Romano, mostrado neste detalhe da Coluna de Trajano, em Roma, nunca saiu de moda.

Abaixo: muitas fontes digitais evocam a beleza atemporal das inscrições antigas e dos primeiros tipos para impressão. A Trajan, projetada por Carol Twombly em 1990, é um bom exemplo disso.

O design gráfico e a tipografia são atividades complicadas, mas mesmo os projetos mais simples se beneficiam do questionamento dos problemas, elaboração de uma ideia mental da solução e, então, cuidadosamente planejar os passos a seguir entre essas etapas.

SENATVS·POPVLVSQVE·ROMANVS

IMP·CAESARI·DIVI·NERVAE·F·NERVAE

TRAIANO·PRETTY·LEGIBLE·DACICON

MAXIMO·TRIB·POT·XVIII·IMP·VI·COS·VI·P·P

ADDECLARANDVM·VERY·SPACED·OUT

arboscelli,& di floride Geniste,& di multiplice herbe uerdissime,quiui
uidi il Cythiso,La Carice,la cómune Cerinthe.La muscariata Panachia
ria el fiorito ramunculo,& ceruicello,ouero Elaphio,& la seratula,& di
uarie assai nobile,& de molti altri proficui simplici,& ignote herbe & fio
ri per gli prati dispensate.Tutta questa læta regione de uiridura copiosa
mente adornata se offeriua.Poscia poco piu ultra del mediano suo io ri
trouai uno sabuleto,ouero glareosa plagia,ma in alcuno loco dispersa
mente cum alcuni cespugli de herbatura.Quiui al gli ochii mei uno io-
cundissimo Palmeto se appresento cum le foglie di cultrato mucrone
ad tāta utilitate ad gli ægyptii.del suo dulcissimo fructo fœcunde & abun
dante.Tra lequale racemose palme,& picole alcune,& molte mediocre,
& laltre drite erano & excelse,Electo Signo de uictoria per el resistere
suo ad lorgente pondo.Ancora & in questo loco non trouai incola,ne al
tro animale alcuno.Ma peregrinando solitario tra le non densate,ma in
teruallate palme spectatissime,cogitando delle Rachelaide,Phaselide,&
Libyade,non essere forsa a queste comparabile·Echo che uno affermato
& carniuoro lupo alla parte dextera cum la bucca piena mi apparue.

Por sua vez, esse estilo "oficial" de escrita influenciou o modo como a escrita manual era vista e ensinada nas escolas ou em outros centros de estudos, como os monastérios.

Hoje, quando deveríamos escrever legivelmente, somos instruídos a "imprimir". Enquanto podemos padecer para ler algo escrito há 200 anos no que era então considerada uma "boa letra", não temos problema algum ao ler a escrita dos antigos romanos. Igualmente, as letras desenhadas há 500 anos, logo após a invenção dos tipos móveis, ainda nos parecem perfeitamente familiares (mesmo que um tanto singulares). Podemos não estar usando as mesmas letras, reproduzidas de maneira idêntica, mas as formas e as proporções básicas ainda são válidas até hoje.

Página de *Hypnerotomachia Poliphili*, publicado por Aldus Manutius em 1499.

Por séculos, a *Fraktur* ("escrita quebrada", literalmente) foi o padrão tipográfico no norte da Europa. A tipografia Romana era assim chamada porque vinha da Itália e era usada para as línguas Româníicas como o italiano, francês e, claro, o latim.

Quando a comunicação se internacionalizou, tipografias mais universais eram muito procuradas. Hoje a Fraktur, góticas e estilos similares são utilizadas para evocar o espírito de uma época passada, por exemplo, os logotipos de jornais como o *The New York Times*.

Estas também são úteis quando alguém faz um projeto com tonalidades germânicas. Os nazistas a apoiaram abertamente e até mesmo ordenaram (como costumavam fazer) o uso daquilo que chamavam de tipografias "Germânicas", cuja utilização sem conotações desagradáveis ficou impossível para as gerações posteriores à II Guerra Mundial.

À esquerda: tipo desenhado por Francesco Griffo para Aldus Manutius. A Bembo, da Monotype Corporation em 1929, é um equivalente moderno.

À direita: a Bíblia de Gutenberg de 1455.

Algumas tipografias passaram pelo teste do tempo e hoje parecem tão contemporâneas como eram quando surgiram, há 500 anos. Suas modernas versões digitalizadas têm uma pequena vantagem, tratando-se de contornos limpos.

Outros tipos também eram perfeitamente legíveis há 500 anos, mas são difíceis de ler por qualquer um hoje em dia. Isso está relacionado às percepções culturais e não às propriedades físicas desses tipos.

ſl ſi ſp ſl ſt ſſ ſh ſ ct v ff

Primieramente'imparerai di fare'que=
sti diu'tratti, cioe -'
da ſi quali ſe' principiano tutte'

Principē de eodem officio. Corniculariū.
Comentariensem. Numerarios. Adiutorem
Abactis . A libellis . Exceptores & ceteros
officiales

oſſervare' la sottoſcritta norma
&
Primieramente' imparerai di fare'
queſti dui tratti, cioe -
dali quali ſe principiano tutte'
le littere' Cancellareſche,
Deli quali dui tratti l'uno é piano et
groſſo, l'altro é acuto et sotti
le come' qui tu puoi vedere'
notato

Embora as formas básicas de nossas letras não tenham mudado muito em centenas de anos, tem havido milhares de variações sobre o tema. As pessoas têm criado alfabetos a partir de figuras humanas, elementos de arquitetura, flores, árvores, ferramentas e todo o tipo de objetos cotidianos para serem usados como iniciais ou como ornamentos tipográficos (veja à direita). A tipografia para leitura, todavia, é normalmente derivada da escrita manual. Os tipos de Gutenberg seguiram as formas das letras escritas por escribas profissionais na Alemanha do séc. XV. Os impressores em Veneza, poucas décadas depois, também basearam seus primeiros tipos na escrita manual local. Ao longo dos séculos, as diferenças culturais têm sido manifestadas na forma da escrita das pessoas. Os escribas das cortes europeias desenvolveram elaboradas escritas formais. Com a expansão da massa de leitores, as pessoas começaram a se preocupar mais em expressar suas ideias mais rapidamente e menos com o estilo e a legibilidade.

Penas, canetas tinteiro, lápis e canetas hidrográficas cumpriram seus papéis na mudança de aspecto da escrita manual. O denominador comum, o alfabeto Romano, sobreviveu intacto a todos esses consideráveis avanços.

Quadro superior: manuscrito italiano de cerca de 1530 mostra como as pessoas escreviam na época. Quadro inferior: trecho de um livro de instruções de escrita de Ludovico degli Arrighi, impresso a partir de blocos de madeira entalhados, de cerca de 1520. O tipo na página é o Adobe Jenson Italic, desenhado por Robert Slimbach em 1996.

H Gill Floriated Capitals, Eric Gill;
A Mythos, Min Wang e Jim Wasco;
N Tagliente Initials, de Judith Sutcliffe;
D Rad, de John Ritter;
A Bickham Script, de Richard Lipton;

G Rosewood, de Kim Buker Chansler;
L Giddyup, de Laurie Szujewska;
O Kigali Block, de Arthur Baker;
V Zebrawood, de Kim Buker Chansler;
E Studz, de Michael Harvey;
S Critter, de Craig Frazier;

Pela mesma razão, o que foi pensado para ser uma casa da moda centenas de anos atrás ainda é uma casa muito desejada nos dias de hoje. A moda tem mudado consideravelmente desde os anos 1400, mas as pessoas continuam a vestir camisetas, calças, meias e sapatos. O processo para fabricá-los mudou, mas materiais como lã, seda e couro ainda são muito populares e, frequentemente, são mais procurados que suas alternativas mais modernas.

Afinal de contas, a forma do corpo humano não mudou nos últimos 500 anos, nem a maneira básica como olhamos o mundo ao nosso redor. Nossa visão das coisas ainda é altamente lapidada pela natureza – plantas, animais, clima, paisagem. A maioria do que percebemos como harmonioso e agradável aos olhos segue regras de proporções derivadas da natureza. Nossas tipografias clássicas também se conformam nessas regras; se não forem assim, as julgamos como estranhas: na melhor avaliação, dentro da moda e na pior, ilegível.

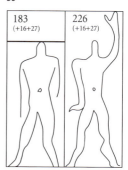

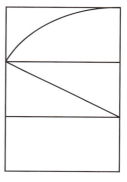

O corpo humano não tem mudado drasticamente por séculos, tampouco mudaram coisas como sapatos, apesar das influên-cias da moda. Ao lado, uma coleção de alguns tipos de calçados do séc. XV até os dias de hoje.

Algumas pessoas têm mensurado o corpo humano para descobrir o que faz certas proporções serem mais belas que outras.

O Modulor de Le Corbisier (o sistema que construiu suas bases para a arquitetura funcional moderna) está intimamente relacionado a um homem com o braço esticado. Não por acaso (para alguém que já observou as leis da harmonia proporcional), o arquiteto francês descobriu que a Secção Áurea era o princípio subjacente a todas as medidas usadas em seus desenhos do corpo humano.

A primeira geração a crescer assistindo televisão (os nascidos nos anos 1950) ainda está imitando e fantasiando os estilos de vida representados na TV. Essa geração está sendo sucedida por outra que cresce com vídeos musicais, realidade virtual e winternet. A manipulação de sons e imagens, a invenção de realidades artificiais e a experiência de viver dentro de um ambiente feito pelo homem colocaram em questão nossas leis "naturais" de percepção. E, como ocorreu com cada etapa do desenvolvimento tecnológico e cultural nos últimos 2000 anos, os tipos e a tipografia refletem isso. Se as tendências são passageiras, o aspecto da tipografia está destinado a mudar por volta do ano 2020 mais do que em todos os anos desde o séc. XV. A próxima geração de leitores pode achar aceitáveis e, com certeza, altamente legíveis coisas que hoje consideraríamos ridículas.

"Isso nunca vai pegar", não foi isso o que as pessoas disseram sobre quase todas as maiores descobertas ou invenções?

Os primeiros exemplos de uma nova tecnologia raramente lembram suas concretizações modernas, ao menos não na aparência. Entretanto, os princípios fundamentais já estavam lá. Se não fossem assim, aviões não voariam, os tubos das tvs implodiriam e os carros não seriam mais velozes que carroças puxadas a cavalo.

Fontes de tela para telefones e aparelhos portáteis revitalizaram os bitmaps, logo após terem sido usados como tipos "reais" de impressão e em nossos monitores. Ao mesmo tempo, a tecnologia das fontes permite aos designers recriar todo tipo de letra que já existiu, da nostálgica Americana ao primitivo tipo pixelizado, que agora está sendo usado como uma afirmação de estilo.

Typefaces are NOT intrinsically legible

Send me a message

Ruf mich zurück.

Learning from Las Vegas
World Famous Buffet

Do alto para baixo: tipografias inspiradas no bitmap de Zuzana Licko, 1987; fontes de tela para a Nokia, Ericsson e Sony; Nugget e Jackpot da House Industries; FFPeecol e a FF Sub Mono da Eboys.

Pixels are cool.
Pixels are way cool.

SIGMUND FREUD

Às vezes, um charuto é apenas um charuto.

Sigmund Freud (1856–1939), conhecido como o pai da psicanálise, foi um neurologista austriaco que desenvolveu técnicas de livre associação de ideias e teorizou que os sonhos são representações da repressão dos desejos sexuais. Às vezes, coisas ditas sem ponderação resultam no que conhecemos como "ato falho".

CAPÍTULO 3

Observando os tipos

HEAD

títulos que têm que ser grandes e ano alto

Display o tipo destina-se a mostrar as qualidades **do produto dentro de uma embalagem na qual está impresso.**

Tipografia em livros não mudou muito nos últimos quinhentos anos. Igualmente, o processo de leitura também não. Podemos ter luz elétrica, óculos para leitura e as mais confortáveis cadeiras, mas ainda precisamos de um cantinho tranquilo, um pouco de tempo e uma boa história nas mãos. Livros de capa mole, repletos de tipos pobremente espacejados e com margens estreitas são invenções razoavelmente novas, fruto de necessidades econômicas, por exemplo, a necessidade de obter lucros. Quanto mais você pagar por um livro, maiores as chances de a tipografia usada remeter aos bons modelos históricos que remontam ao Renascimento. Até chegarmos à idade adulta, teremos lido tantos livros que foram compostos no que consideramos tipografia "clássica" que todos vamos achar que Caslon, Baskerville e Garamond são os tipos mais legíveis que já foram feitos...

A tipografia para jornais tem criado alguns dos piores tipos, composições com tipos e layouts de páginas já conhecidos pela humanidade. Ainda temos que suportar quebras ruins de linhas, espaçamentos entre palavras enormes e tipos feios porque é isso a que estamos acostumados. Afinal, quem suporta um jornal por mais tempo doq ue leva para lê-lo? E se melhorasse seu aspecto, ainda assim confiaríamos na sua objetividade?

Letra miúda é chamada de letra miúda ainda que, na verdade, apenas o tipo seja pequeno. Objetivando superar as limitações físicas para distinguir as letras pequenas demais, os designers foram de um extremo a outro, aumentando e/ou diminuindo partes das letras, aumentando os espaços internos e ao redor delas para que a tinta não entupa os miolos das letras, não obscurecendo suas formas, ou acentuando características de letras individuais. Outro truque é manter as letras razoavelmente grandes e, ao mesmo tempo, estreitando-as mais do que é conveniente para elas ou para nós, assim, mais delas vão caber no espaço disponível. Com certa frequência, entretanto, tipos são deliberadamente mantidos pequenos para serem lidos com muito sofrimento – por exemplo, petições de seguro e contratos legais.

INES

Qualquer um que observe uma mensagem impressa será influenciado, em uma fração de segundos de contato visual, por tudo na página: a disposição de vários elementos, assim como o aspecto individual de cada um. Em outras palavras, uma impressão geral é criada em nossas mentes antes mesmo de lermos a primeira palavra. É parecido com a forma como reagimos à presença de uma pessoa antes de sabermos qualquer coisa sobre ela e, depois, perceber ser difícil reconsiderar a primeira impressão.

Lemos melhor aquilo que lemos mais, mesmo se estiver mal composto, mal projetado e mal impresso. Isso não é para sugerir que exista uma alternativa para bons tipos, excelente design ou uma impressão limpa, mas apenas para lembrar que certas imagens ficam profundamente impregnadas na mente do leitor.

Designers gráficos, compositores, editores, impressores e outros profissionais da comunicação estão bem instruídos a ficarem atentos a essas expectativas. Por vezes, seguir as regras é uma boa opção; outras vezes, as regras precisam ser quebradas para se atingir um nível adiante. Bons designers aprendem todas as regras antes de começar a quebrá-las.

Handgloves
FUTURA EXTRA BOLD COND.

Handgloves
ANTIQUE OLIVE BLACK

Handglo
FF ZAPATA

Handgloves
HOBO

Handgloves
ADOBE CASLON REGULAR

Handgloves
SWIFT LIGHT

Handgloves
FF META BOOK

Um elemento recorrente nestas páginas, como foi visto na p. 19, é o "Handgloves". Essa palavra contém formas relevantes o suficiente para se avaliar um alfabeto e é uma alternativa ao padrão usado: "hamburgefons". O "Handgloves" destaca as tipografias usadas nas amostras de composição ou citadas no texto.

Projetar uma tipografia para fins específicos é uma atividade mais comum do que se imagina. Há um tipo especial para listas telefônicas, pequenos anúncios, jornais, bíblias e para uso exclusivo de corporações. Também há tipografias projetadas especialmente para ajustarem-se a restrições técnicas, p.ex.: impressoras de baixa resolução, monitores, máquinas de escrever com tipos monoespaçados e caracteres para reconhecimento óptico (OCR). Até aqui, todas essas fontes tentaram simular modelos históricos. Até os bitmaps se tornaram tais modelos, ainda que nascidos de uma necessidade. Abaixo, tipos que foram projetados para propósitos específicos.

Bell Centennial
Projetada para lista telefônica.

ITC Weidemann
Originalmente projetada para uma nova edição da Bíblia.

Spartan Classified
Feita especialmente para pequenos anúncios em jornais.

Corporate A
A tipografia corporativa da Daimler Chrysler.

Sassoon Primary
Para o en+ino da escrita às crianças.

41

a		b
	Cooper Black	MESQUITE
c		d
	𝔄rnold Böcklin	CAMPUS
e		f
	Tekton	Snell Roundhand

Este é um quebra-cabeças tipográfico. Qual tipografia você acha que combina com cada sapato? A resposta está na próxima página, mas não olhe agora! – você estaria trapaceando. Lembre-se de quais letras dos quadrados desta página combinam com qual número da página oposta; só então vire a página e confira com nossas preferências pessoais.

Em alguns casos é muito fácil cometer uma gafe tipográfica.

1d CAMPUS	**2b** MESQUITE 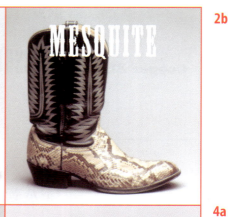
3f Snell Roundhand 	**4a** Cooper Black
5c Arnold Böcklin 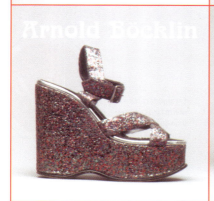	**6e** Tekton 

Ninguém usaria os mesmos sapatos para dançar, correr um quilômetro, escalar uma montanha e caminhar até o escritório – ao menos, não muitas pessoas o fariam. Enquanto os seus pés podem permanecer com quase a mesma forma, eles precisam de diferentes tipos de suporte, proteção e, de fato, melhoram no desempenho dessas tarefas e de muitas outras.

Isso também se aplica aos tipos. Muitas vezes as letras têm a árdua tarefa de se fazerem compreender em fatos lógicos e números ou podem ter que vestir as palavras para fazê-las parecer mais agradáveis, mais confortáveis ou simplesmente mais atraentes.

Alguns sapatos calçam seus pés melhor que outros e você passa a gostar tanto deles que só vai querer comprar o mesmo sapato várias vezes. Seus amigos, entretanto, podem começar a importuná-lo com comentários sobre seu gosto em calçados, então por que não comprar poucos pares do mesmo modelo, mas de cores diferentes? Agora você tem mais opções com o mesmo nível de conforto.

Onde está a analogia com os tipos? Bem, você pode imprimir em cores diferentes, sobre fundos diferentes, escuro sobre claro ou claro sobre escuro. Sempre vai parecer como se, na verdade, estivesse usando mais de uma tipografia.

Suas escolhas pessoais de tipografias que combinem com os sapatos possivelmente serão bem diferentes daquelas mostradas aqui. Com mais fontes para se escolher do que sapatos numa loja, essa tarefa chega a ser intimidante.

Por sorte, a proposta tipográfica imaginada reduz essas opções do mesmo modo que o lugar onde você usará seus sapatos restringe as suas escolhas. Felizmente, para o designer consciente da moda há muitas opções, mesmo para designs com aplicações similares.

Cooper Black – veja na página oposta – é uma tipografia muito popular e era ainda mais há 35 anos. Ela tem suas vantagens: pode ser bela e gorducha, pesada e relativamente incomum. Mas se achar que ela está sendo usada com certa frequência, você pode tentar a Goudy Heavyface, ITC Souvenir Bold, Stempel Schneidler Black ou ITC Cheltenham Ultra. Compare-as e perceberá que todas são bem diferentes, mas que podem desempenhar a mesma função eficientemente.

Nem todos querem ser vistos usando o mesmo sapato de todo mundo.

.Handgloves

GOUDY HEAVYFACE

.Handgloves

ITC SOUVENIR BOLD

.Handgloves

STEMPEL SCHNEIDLER BLACK

.Handgloves

ITC CHELTENHAM ULTRA

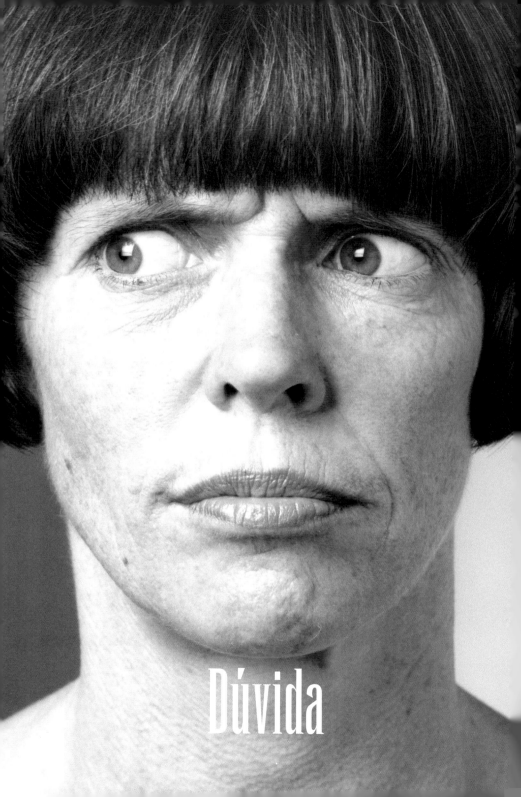

Então os tipos têm seus usos práticos – podem andar, correr, saltar, pular, escalar e dançar. Mas podem também expressar emoções? Claro. Se você olhar uma letra com atenção, pode ver a personalidade expressa nas suas características físicas: leve ou pesada, arredondada ou quadrada, alongada ou achatada. As letras podem ganhar sentido quando próximas umas das outras, como soldados, ou podem dançar graciosamente numa linha. Do mesmo modo que algumas palavras soam melhor que outras, algumas palavras têm uma aparência melhor que outras. Pode ser porque não gostamos do significado da palavra, mas, frequentemente, antes mesmo de lê-la, formamos uma opinião. Não é legal o jeito que o *o* imita nossos lábios ao pronunciá-lo? E como o *i* poderia representar outra coisa a não ser o som pontiagudo que tem em "pico"?

Emoções sombrias pedem uma tipografia negra e pesada, com cantos afiados; sentimentos agradáveis são mais bem representados por caracteres leves e informais. Será que são? O problema é que assim que você seleciona uma tipografia que lhe parece apropriada, coloca-a na página, reserva espaços ao redor ou outros elementos, ela pode tomar um aspecto totalmente diferente. Mas, por enquanto, vamos nos ater à escolha da tipografia apropriada.

Runic Condensed é uma tipografia da Monotype. Lançada em 1935, revive um tipo display do final do século XIX.

Bodega Sans adota conceitos do alto período do Art Déco. Foi desenhada por Greg Thompson em 1990; em seguida veio a versão serifada, em 1992.

Block é uma família de tipos originalmente desenhados por H. Hoffmann, em 1908, com várias versões subsequentes lançadas durante o ano de 1926. A Block simplificou a composição de linhas justificadas com um sistema de maiúsculas e minúsculas de várias larguras, o que permitia ao compositor usar os caracteres alternativos mais largos para preencher linhas curtas. Era uma fonte "curinga" para os impressores alemães nos anos 1960, quando a fotocomposição substituiu os tipos de metal. Os contornos irregulares têm certo apelo para um público moderno que gosta daquele aspecto de segunda mão, reciclado.

Neville Brody desenhou os títulos do filme *Perigosamente Harlem*. E, em 1996, foi convencido a transformar aquele design em uma completa família de fontes. O peso informal foi acertadamente chamado Harlem Slang (gíria do Harlem).

Em 1937, Morris Fuller Benton desenhou a Empire para a revista *Vogue*. David Berlow a recuperou, em 1989, acrescentando uma itálica e uma caixa baixa, ambas não disponíveis na versão original.

Runic Condensed é sutilmente deselegante e definitivamente não aplicável para textos longos. Suas serifas pontudas e formas exageradas não correspondem aos ideais clássicos de beleza e proporções refinadas. Se letras com formas incomuns expressam sentimentos inquietantes, esses outros tipos condensados podem ser uma boa alternativa.

Dúvida?
Runic Condensed

Dúvida? Dúvida?
Bodega Sans Light   Bodega Serif Light

Dúvida?
Block Extra Condensed

Dúvida?
Harlem Slang

Dúvida?
Bureau Empire

Para algumas palavras é muito mais divertido achar um equivalente tipográfico apropriado. (Surpresa, surpresa.) Pode ser razoavelmente difícil encontrar uma maioria que concorde com a tipografia certa para escrever "dúvida", mas isso não deveria causar nenhum problema.

O que é mais inesperado, mais surpreendente, que a escrita manual de alguém? As melhores tipografias casuais sempre conseguiram carregar certa espontaneidade da escrita manual aos sistemas restritos da composição mecânica de tipos. Até os nomes de algumas tipografias fazem você querer escolhê-las. Que tal esta: Mistral – um vento fresco soprando do norte ao sul da França. E, de fato, no sul da França ela parece ter se tornado a tipografia padrão para todas as fachadas de lojas e veículos de entrega.

Caso você não concorde que a Mistral sugira surpresa, aqui vão algumas opções.

A Mistral foi desenhada por Roger Excoffon em 1955. Suas outras tipografias – Antique Olive, Choc, Banco – também mostram um característico estilo gaulês e foram muito bem sucedidas na França e em outros países da Europa.

A Letter Gothic Slang de Susanna Dulkinys substituiu alguns caracteres por outros com uma forma semelhante, mas com significados diferentes. O *S* é um cifrão; o *p* é um thorn – usado na Islândia, Inglês Arcaico e fonéticos; o *i* é um sinal de exclamação invertido usado no espanhol; o *e* é o sinal monetário do euro.

A liberdade total oferecida pelos aplicativos de computador dá aos tipos mais flexibilidade – se a palavra não ficar bem na primeira composição, você pode manipular os contornos até chegar exatamente aonde você quer.

"Surpresa" está mostrada à direita na sua forma inalterada. Não gostamos da ligação entre o S e o u, então criamos os contornos, limpamos esse detalhe (e alguns outros) e a aplicamos em nossa foto, onde você pode ver a palavra revisada. A maioria das pessoas acreditaria que ela foi escrita com uma caneta hidrográfica, não simplesmente composta como parte de uma página completa.

Mistral

Letter Gothic Slang

Dogma Script

Dizzy

Ottomat Bold

Quanto mais caracteres numa palavra, maiores as chances de encontrar as formas ideais para as letras expressarem seu significado. Esta palavra não nos dá muitas alternativas, apenas três caracteres: *j o y* ou *J O Y*. Observando que as minúsculas *j* e *y* são parecidas, uma composição toda em maiúsculas funcionará melhor. Todas as três tipografias aqui possuem uma ampla sensação de alegria – formas abertas com hastes firmes e certo movimento.

ITC Kabel, Syntax e Lithos são interpretações modernas de letras clássicas; mantêm o aspecto do entalhe na pedra e sem remates muito formais nas hastes, também conhecidos como *serifas*.

O *Y*, uma letra recém-incorporada ao alfabeto latino, é chamada de *i grec* em francês (*i* grega). Sua forma é derivada de uma das variações caligráficas do ípsilon grego.

A Kabel original, um design de Rudolf Koch de 1927, possui tons nitidamente Art Déco, ao passo que a versão da International Typeface Corporation, de 1976, tem uma altura-de-x generosa, é mais regular e menos estranha.

Syntax tem as proporções das letras da Roma antiga, mas sem serifas, tornando seu aspecto tanto clássico como contemporâneo. Foi desenhada por Hans-Eduard Méier em 1968. Um redesign completo e versões ampliadas foram lançados pela Linotype em 2001.

Lithos é a transposição para a tipografia digital das inscrições gregas – tão elegantes como as capitulares romanas – mas menos limitadas. Essa fonte fez um sucesso imediato (designers gráficos ainda a usam para todo tipo de projeto contemporâneo), o que demonstra que um clássico pode ser moderno e alegre.

JOY
ITC Kabel Book

JOY
Syntax

JOY
Lithos Regular

É interessante ver palavras compostas, pois suas próprias explicações são transpostas para as letras. Essas formas leves e soltas certamente nos fazem pensar numa pessoa feliz com os braços abertos.

.Handgloves
ITC KABEL BOOK

.Handgloves
SYNTAX

.HANDGLOV
LITHOS REGULAR

N.T.: *A palavra* JOY *(alegria, em português) foi mantida na sua versão original em inglês, pois o texto desta página se refere especificamente às letras que a compõem.*

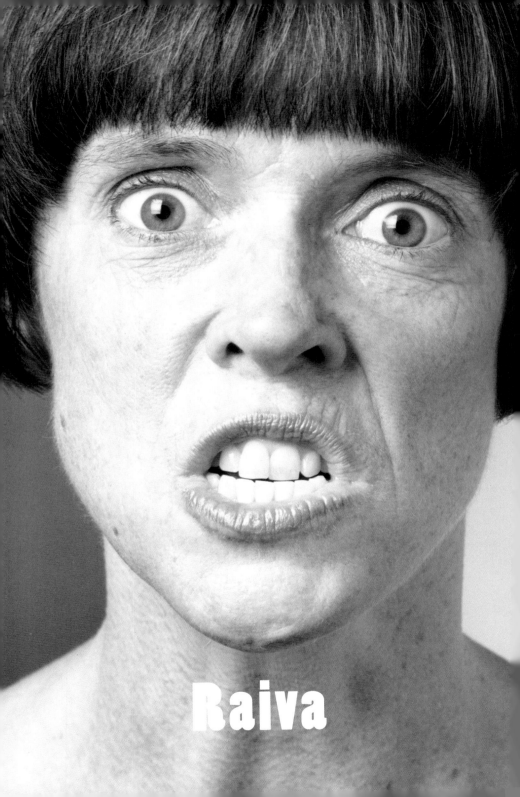

Raiva, como dúvida, pode ser descrita como um sentimento sombrio que clama por uma tipografia escura e pesada. Raiva já não é tão restrita quanto dúvida, mas precisa de espaço para se expandir e, às vezes, para gritar alto.

Pode ajudar se as letras não estiverem bem acabadas e agrupadas bem juntas umas das outras, ainda melhor se forem um pouco irregulares – uma folga de espaço para nossa imaginação. Uma Univers ou Helvética, bem equilibradas, não o fariam.

A maior parte das tipografias realmente superpesadas tem sido usada em exagero, pois não há opções suficientes para os designers de cartazes e jornais tabloides. Esses tipos de letra podem ser compostos com pouquíssimo espaço entre eles, o que cria um alto impacto em áreas pequenas.

A Futura Extra Bold e a ITC Franklin Gothic Heavy foram as preferidas por um longo tempo. A inspiração para a Solex – de Zuzana Licko, em 2000 – segundo informações, veio de duas fontes: Alternate Gothic e Bauer Topic (também conhecida como Steile Futura) e sua exploração do gênero sans serif industrial. Eagle é uma adaptação da FontBureau, em 1989, do famoso tipo para títulos de Morris Fuller Benton, Eagle Bold, desenhado – apenas em maiúsculas – em 1933 para o National Recovery Administration. A Officina Black agregou peso à família de serifadas e sans serifs de 1990; as novas versões foram digitalizadas por Olé Schäfer. Giza revive a glória do período vitoriano. David Berlow baseou essa família (1994) em amostras de Figgins, de 1845.

E ao longo dos anos, desde 1960, a Antique Olive, de Roger Excoffon, comprova que boas tipografias são indestrutíveis.

Flyer Extra Black Condensed, desenhada em 1962 por Konrad Bauer e Walter Baum.

Poplar é um revival de 1990, da Adobe, a partir de um velho tipo de madeira do séc. XIX.

Block Heavy (1908) é o mais pesado membro da família. Seus contornos são deliberadamente irregulares, o que ajudava a prevenir danos quando o tipo de metal era impresso em pesadas impressoras. Você poderia chamá-la de um design pré-estressado.

Angst e Franklinstein são ambas corretamente assim chamadas. Jürgen Huber e Fabian Rottke as desenharam – respectivamente – em 1997 para o grupo Dirty FacesTM da FontFont.

Raiva!
Flyer Extra Black Condensed

Raiva!
Poplar

Raiva!
Block Heavy

Anger!
Angst Heavy

Raiva!
Franklinstein

. Handgloves
FLYER EXTRA BLACK CONDENSED

. Handgloves
POPLAR

. Handgloves
SOLEX BLACK

. Handgloves
ITC OFFICINA BLACK

. Handgloves
BLOCK HEAVY

. Handgloves
FUTURA EXTRA BOLD

. Handgloves
ITC FRANKLIN GOTHIC HEAVY

. Handgloves
GIZA NINE THREE

. Handgloves
EAGLE BLACK

. Handglo
ANTIQUE OLIVE NORD

Handgloves

SERIF
MvB Sirenne

Handgloves

SANS SERIF
Thesis Sans 5

Handgloves

SCRIPT
Freestyle Script

HANDGLOVES

DISPLAY
Ironwood

SYMBOLS
Carta

Existem sete pecados capitais, sete mares e o sétimo filho do sétimo filho, mas há milhares de tipografias. Alguém teve que pensar em um sistema para classificá-las, uma vez que descrever como os diferentes designs dos tipos expressam emoções distintas não é exato o suficiente. Infelizmente não há somente um sistema, mas alguns; todos eles complicados demais para qualquer um entender, exceto os mais devotados tipomaníacos. Então aqui está o método mais rudimentar de classificar os tipos. Não é historicamente correto, nem fornece uma visão geral das opções de fontes disponíveis. Simplesmente mostra que, com alguns poucos fundamentos, centenas de formas de desenhar tipografias se tornam possíveis, do mesmo modo que uma emoção básica evoca um milhão de expressões faciais.

A classificação não oficial dos tipos – não confundir com a oficial mostrada à direita nesta página.

Para o caso de alguém querer registrar: aqui está a classificação oficial dos tipos da Adobe. Escolhemos uma tipografia típica de cada categoria, tentando evitar as opções mais óbvias.

VENEZIANA
Handgloves
Centaur

GARALDE
Handgloves
Sabon

TRANSICIONAL
Handgloves
Janson Text

DIDONE
Handgloves
ITC Bodoni

SLAB SERIF
Handgloves
Memphis

SANS SERIF
Handgloves
Syntax

GLÍFICO
Handgloves
Friz Quadrata

SCRIPT
Handgloves
Ex Ponto

DISPLAY
HANDGLOVE
Charlemagne

GÓTICO
Handgloves
Wilhelm Klingspor Gotisch

SÍMBOLOS

Universal News and Commercial Pi

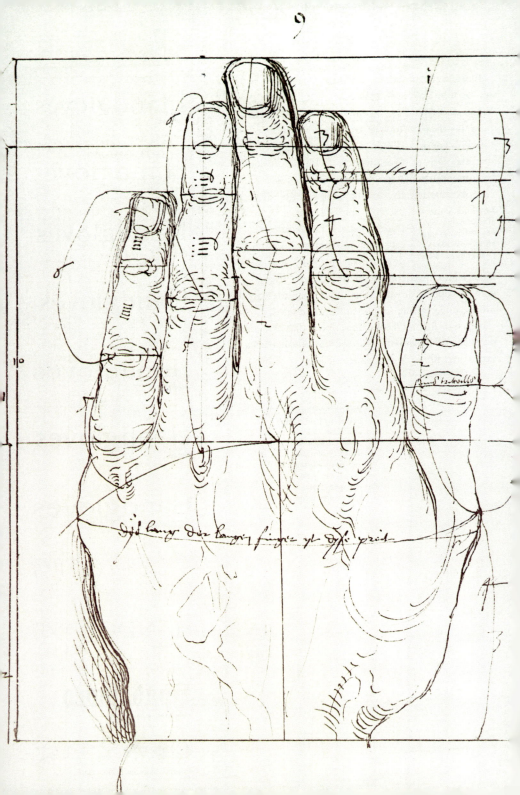

Os cientistas não ficaram satisfeitos em apenas chamar a face humana de "bonita" ou "feia" se ela corresponde ou não a certos ideais. Tiveram que sair a campo e medir as proporções do nariz à mandíbula, da testa ao queixo, e assim por diante, para estabelecer por que alguns rostos são mais atraentes que outros.

Tipógrafos e designers gráficos frequentemente escolhem os tipos exatamente do mesmo modo que podem simpatizar com alguém: apenas gostam daquela pessoa. Para aqueles cientificamente mais exigentes, entretanto, existem medidas específicas, componentes, detalhes e proporções que descrevem as várias partes de uma letra.

Embora isso não determine o que faz uma tipografia ser boa, ao menos dará as palavras certas para usar quando você se questionar sobre as vantagens de um tipo em particular em relação a outro. Você pode dizer "eu odeio a altura-de-x de uma certa gótica", ou "estas descendentes simplesmente não funcionam para mim", ou "por favor, posso ver algo com uma maiúscula mais baixa?", e você saberá o que está dizendo.

Albrecht Dürer tentou entender o que faz o corpo humano ser bonito ou não medindo as proporções das partes.

Neste momento você terá notado que usamos as palavras *tipografias* e *tipos* para descrever o que as pessoas, hoje em dia, referem como *fontes*. Muito da terminologia usada atualmente vem da época dos tipos de metal. Os espaços entre linhas ainda são descritos (e não muito corretamente) como *leading* (lingotes), mesmo que já não sejam mais feitos com tiras de chumbo. Uma fonte era um determinado grupo de letras, pertencentes a certo estilo e desenho, reunidas por uma fundidora de tipos para serem vendidas. As letras eram, então, distribuídas em número correspondente à frequência do uso nos idiomas. O impressor inglês que comprava uma fonte francesa, por exemplo, logo percebia a insuficiência de *k* e *w*, assim como a abundância de *q*. O italiano requer um grande número de *c* e *z*; o espanhol, muito mais *d*, *t* e todas as vogais; o alemão pede mais maiúsculas e mais *z*, mas menos *y*.

**Nós desenhamos tipografias e produzimos fontes. E, ao longo deste livro, mantemos essa distinção. Enquanto a linguagem da tipografia ainda segue algumas regras, não há exatamente um padrão a seguir pelos designers de tipos. Características tipográficas como altura-de-x elevada, miolos amplos e ascendentes exageradas não são menos escravas da moda do que as mudanças eternas do comprimento das saias, determinadas pelas passarelas de Paris. O tamanho dos tipos, indicado em pontos (um ponto é igual a 0,01384 polegadas; 12 pontos = 1 paica; 6 paicas = 1 polegada), é apenas a lembrança de uma convenção histórica de quando os tipos eram moldados em um corpo de metal. O tamanho do corpo para todos os tipos de 12 pontos teria sido o mesmo, mas a imagem atual daquele corpo poderia ser bem diferente. Dê uma olhada nos tipos de 20 pontos abaixo – eles não têm muito em comum além da linha base.
Moral da história?
O que você vê é o que você leva – confie nos seus olhos, não nas medidas científicas.**

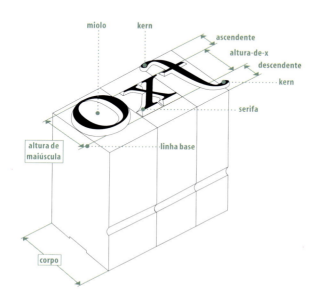

Sizes Sizes Sizes Sizes Sizes

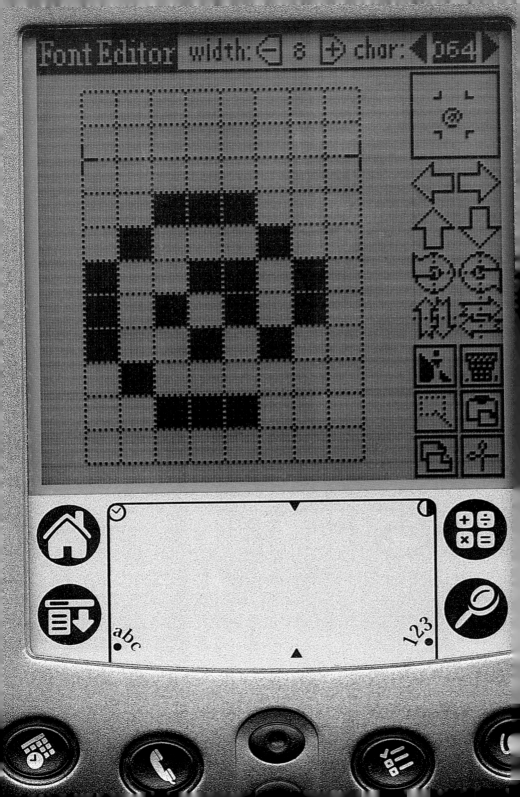

Enquanto as letras de metal poderiam ser feitas em qualquer largura e altura, o tipo digital tem que se adaptar aos múltiplos da menor das unidades: o pixel. Cada caractere tem que ter um certo número de pixels na altura e na largura. Isso não é um problema quando as letras são compostas em 600 pixels por polegada (ou cerca de 24 pixels por milímetro), como é o caso das modernas impressoras a laser – esses pixels não são perceptíveis aos nossos olhos e ficamos felizes em acreditar que estamos vendo curvas suaves em vez de pequenos quadradinhos ajustados em um grid compacto.

Em telas, entretanto, apenas 72 pixels compõem uma polegada (aproximadamente três pixels por mm). Poderíamos ver cada um deles se os engenheiros não tivessem encontrado uma maneira de contornar isso (leia mais na p. 121). Nos dias de hoje, porém, a tela do computador não é o único lugar onde vemos nossas tipografias – celulares, PDAs, mesmo os fornos micro-ondas têm mostradores digitais. A maioria dessas telas é pequena e simples, o que significa preto sobre um cinza esverdeado. E os tipos evidentemente consistem de bitmaps: isso quer dizer que uma letra de oito pontos é, na verdade, feita de oito pixels. Se considerarmos seis pixels acima da linha base (veja na página ao lado), incluindo os acentos e dois pixels abaixo para as descendentes, isso deixa apenas três ou quatro pixels para um caractere minúsculo. Apesar dessas restrições, existem centenas de fontes bitmaps, cada uma sendo única por questões de poucos pixels, mas o suficiente para provar que a variedade tipográfica não pode ser suprimida por restrições tecnológicas.

Um editor de fontes, em um aparelho de mão, é a ferramenta perfeita para passar o tempo em um avião ou numa sala de espera. Dê uns clicks por algumas horas e, quando estiver aterrrisando no Rio ou entrando para se consultar com seu acupunturista, você já terá sua própria fonte exclusiva. Pode não ser tão legível quanto à previamente instalada, mas ninguém mais terá a mesma fonte!

Editar pixels é como jogar xadrez: há apenas alguns quadrados brancos e pretos e cada movimento tem consequências enormes.

Melhor que tentar imitar a Times New Roman ou Helvética em um minúsculo tabuleiro de xadrez, as fontes bitmap têm que ser eficientes por necessidade. É impressionante ver o quanto podem ir ao limite da forma de cada letra, por meio de uma imagem preta e branca quase abstrata e ainda assim nos fazer pensar que estamos lendo caracteres romanos.

Joe Gillespie desenhou uma série de pequenas fontes bitmap para uso em telas, chamada apropriadamente de Mini 7, que é o tamanho em que devem ser compostas. Outro conjunto de fontes bitmap para tamanhos muito pequenos (apenas três pixels de altura!) vem de Eboys, que transformou o estilo bitmap numa forma de arte.

Os construtores de dispositivos com telas muito pequenas deveriam olhar para esses exemplos e, no futuro, manter seus engenheiros longe da criação de fontes bitmap.

HANDGLOVES
HANDGLOVES
HANDGLOVES
HANDGLOVES
HANDGLOVES
HANDGLOVES
Handgloves
Handgloves

A série Mini, toda em 7 pt. Nas primeiras cinco linhas, as maiúsculas têm cinco pixels de altura, enquanto as palavras mistas têm os mesmos pixels para as letras minúsculas.

Handgloves
Handgloves

FF Xcreen usa apenas três pixels para as minúsculas, mas como isso não é um bitmap real e na, verdade, o contorno de uma fonte, os pixels podem ser escalonados para qualquer tamanho e variar do sublime ao ridículo.

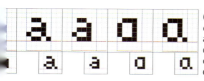

Que diferença um ponto faz: com apenas cinco pixels para a altura-de-x, um designer de tipos bitmap tem que se contentar em mover um pixel de cada vez.

GERRY MULLIGAN

A melhor parte de tocar o piano é que você não precisa ficar carregando um saxofone.

Gerry Mulligan (1927–1996), mestre do saxofone barítono, era uma das figuras mais versáteis do jazz moderno. Escreveu seus primeiros arranjos e composições quando ainda era um adolescente e já participava do cenário cool jazz dos anos 1940; especialmente notáveis eram seus grupos sem piano, nos quais seus arranjos e composições intrincados e cuidadosamente equilibrados levavam a improvisação a níveis mais elevados. Ocasionalmente tocava piano.

CAPÍTULO 4

Tipos com um propósito

Você sabe como é. É tarde da noite, seu voo parte às 6 horas da manhã, você ainda está fazendo as malas e simplesmente não consegue decidir o que colocar nelas.

Escolher uma tipografia para uma trabalho de design é uma experiência bem similar. Há certos tipos que lhe são familiares. Você sabe como se comportarão sob certas circunstâncias e onde estão. Por outro lado, há aqueles tipos da moda que você sempre quis usar, mas não está bem certo de que este trabalho é o momento ideal para experimentá--los. É exatamente como escolher quais sapatos levar em sua viagem – os confortáveis não estão à altura da moda, mas os da moda machucam. Você poderá até suportá-los numa recepção rápida, mas não para ir às compras e muito menos para uma caminhada no campo.

Antes de organizar sua pasta de fontes, você precisa olhar para a tarefa adiante. Estabeleça um equilíbrio entre praticidade e estética – essa é a essência do design.

Enquanto até agora ninguém classificou os tipos por sua capacidade de resolver problemas, muitos tipos que usamos hoje foram originalmente projetados para propósitos específicos. Alguns deles estão mencionados na p. 39, mas há muito mais. A Times New Roman foi especialmente produzida em 1931 para o jornal londrino que deu seu nome a essa tipografia.

No final dos anos 1930, a Mergenthaler Linotype, nos EUA (dirigida por Chauncey H. Griffith), desenvolveu um grupo de cinco tipografias projetadas para serem legíveis, apesar dos rigores da impressão do jornal. Foram chamadas, não por acaso, de "Legibility Group" e duas delas ainda são populares hoje: Corona e Excelsior.

Pode parecer estranho que legibilidade tenha que ser uma preocupação especial no design de tipos, mas existem bastantes tipos por aí que pretendem ser vistos, não lidos; essas tipografias são muito mais como roupas que aparentam ser formidáveis, mas que mal protegem o usuário das intempéries.

A Gulliver é a solução de Gerard Unger para vários problemas de produção de design e de jornais. Essa fonte comporta 20% mais texto nas colunas sem sacrificar a legibilidade e é robusta o bastante para ser impressa descuidadamente em papel reciclado. O *USA Today* a usa, entre outros jornais pelo mundo.

Coranto é a última fonte de Unger para jornais. Desenhada em 1999, está sendo usada no *The Scotsman*, assim como em jornais na Suécia e no brasileiro *Valor Econômico*. (N.T.)

O trabalho de Tobias-Frere-Jones na Poynter foi patrocinado pela Poynter Institute para responder à mesma questão: como preservar o texto sem perder leitores? Se lemos melhor aquilo que lemos mais, o designer fica preso a formas familiares e volta-se às romanas em estilo antigo do séc. XVII de Hendrick van der Keere. Como os diferentes métodos de reprodução e impressão podem adicionar ou reduzir pesos em frações, a Poynter Oldstyle Text é disponibilizada em quatro graduações.

. Handgloves
TIMES NEW ROMAN

. **Handgloves**
CORONA

. **Handgloves**
EXCELSIOR

. Handgloves
GULLIVER

. Handgloves
CORANTO

. **Handgloves**
POYNTER OLDSTYLE BOLD

Sair de férias não significa, necessariamente, viajar para um clima quente, mas sempre indica que podemos deixar para trás muitas das nossas convenções, incluindo o modo como nos vestimos normalmente – ou o que temos que vestir, como pode ser o caso. Você escolhe as roupas de acordo com o que é pratico: fácil de arrumar, fácil de lavar e de acordo com o que é agradável: casual, colorida, solta e talvez um pouco mais ousada do que as que você usaria em sua cidade.

Os equivalentes tipográficos são aqueles tipos que são confortáveis de ler, mas que podem ser um pouco mais idiossincráticos que as trivialidades. Os serifados também podem ser casuais e "folgados", um termo atual de composição tipográfica que descreve letras que possuem uma quantidade confortável de espaço entre elas.

Por coincidência, bem poucos dos tipos mais antigos da Renascença e seus equivalentes modernos se encaixam nesta descrição. Eles ainda mostram seu parentesco com a escrita manual italiana, a qual, por necessidade, tinha que ser mais informal que as rígidas letras de metal. Se você fosse um escrivão em um escritório papal e tivesse que escrever centenas de páginas por dia, não teria tempo para rebuscar muito as maiúsculas formais. Então, esses escrivães desenvolveram uma escrita cursiva e fluída que hoje chamamos de itálicas, porque foram inventadas na Itália.

Você deve ter notado que esta página inteira está composta em uma fonte cursiva e a sensação é bem confortável. Uma regra convencional diz que não se pode compor páginas inteiras e menos ainda livros inteiros, em tipografias itálicas. A única razão pela qual pode não funcionar é que não estamos acostumados a isso. Como foi mencionado na p. 39, lemos melhor aquilo que lemos mais. Mas isso não é motivo para não tirarmos férias de nossos hábitos diários e tentar algo diferente, ao menos uma vez por ano.

Para tornar uma tipografia tão casualmente elegante como a FF Fontesque é preciso muita experiência e esforço. Nick Shinn desenhou a Fontesque em 1994. Não foi seu primeiro projeto, o que é evidente.

Cafeteria, de fato, começou no guardanapo de Tobias-Frere-Jones, que conseguiu equilibrar movimento com legibilidade nesse tipo sem serifs de formas livres.

Algumas tipografias têm um aspecto sereno, obedecendo às expectativas tipográficas diárias. Outras nasceram com formas inusitadas, ainda que casuais e oferecem o melhor disso.

Stempel Schneidler combina formas de letras amigáveis com alta legibilidade – você pode usá-las diariamente sem torná-las restritivas como uma corda no pescoço.

Uma tipografia recente que parece ser casual, até "legal", mas ainda boa para um trabalho real é a ITC Flora. Foi criada pelo designer de tipos holandês Gerard Unger, em 1980, e tem o nome de sua filha. Ellington, lançada em 1990, é um design de Michael Harvey, um letrista e entalhador inglês. Ambos os tipos são bem incomuns e, por essa razão, não considerados tipos apropriados para texto. Mas eles são.

Muitos tipos projetados para serem "amigáveis" tendem a parecer paternalistas. Eles podem ser tão legais que rapidamente você se cansa deles. Quando você procura por tipos casuais, os candidatos óbvios são as manuscritas, é claro. A maioria, entretanto, não é apropriada para longos períodos de leitura, assim como sandálias são muito confortáveis, mas não para andar sobre um caminho de pedras.

. Handgloves

STEMPEL SCHNEIDLER

. Handgloves

ITC FLORA

. Handgloves

ELLINGTON

. Handgloves

FF FONTESQUE

. Handgloves

CAFETERIA

Os tipos são usados, em grande parte, para comunicações comerciais de várias espécies, portanto devem obedecer a regras explícitas ou implícitas do mundo corporativo. Assim como esperamos que os homens de negócios usem ternos (e mais, naturalmente, uma camisa com gravata), o texto composto para os negócios tem que parecer razoavelmente sério e seguir seu propósito de um modo imperceptível e bem organizado. Tipografias como a Times New Roman e Helvetica cumprem esse papel perfeitamente, não por suas adequações particulares, mas pela falta de individualismo.

Porém, como os círculos de negócios tradicionais são agora mais permissivos ao uso de gravatas mais estilosas e, até mesmo, a se aventurar no reino dos ternos italianos, que não são pretos nem azul-escuros, o gosto tipográfico, nesses círculos, tem se ampliado para incluir outros tipos, da Palatino à Frutiger.

Geralmente, é muito simples classificar um negócio em particular pelas tipografias que escolhe: quanto mais técnica for uma profissão, mais frios e rígidos serão seus tipos (Univers para arquitetos); quanto mais tradicional for o negócio, mais clássicos seus tipos (Bodoni para banqueiros).

O problema é que não há lei contra os especuladores que empregam uma tipografia verdadeiramente clássica e confiável em seus folhetos, emprestando a estas entidades desagradáveis uma credibilidade tipográfica e nada mais.

Para mostrar as sutis diferenças entre fontes neste tamanho, compusemos o texto ao lado em vários tipos, um para cada parágrafo. Handgloves, ao pé desta coluna, os mostra em sequência.

Frutiger, originalmente desenhada em 1976, por Adrian Frutiger para a sinalização do aeroporto Charles de Gaule, em Paris, se tornou uma das mais populares tipografias para uso corporativo.

A Palatino, desenhada por Hermann Zapf em 1952, detém sua popularidade – especialmente nos EUA – muito mais por estar disponível como fonte nativa em impressoras laser PostScript. Mesmo assim, é uma alternativa bem-vinda para outras fontes serifadas menos adequadas.

Adrian Frutiger projetou a Univers em 1957. Foi a primeira tipografia planejada em um conjunto coordenado de pesos e larguras, compreendendo vinte e um designs correlatos, recentemente expandidos para 59 pesos (veja p. 85).

ITC Bodoni é um dos muitos redesigns do clássico tipo de Giambattista Bodoni do final do séc. XVIII. Mostra mais cor e variação nos traços que em outras releituras da Bodoni e está disponível em três versões para diferentes tamanhos.

.Handgloves
FRUTIGER

.Handgloves
PALATINO

.Handgloves
UNIVERS

.Handgloves
ITC BODONI SIX

.Handgloves
ITC BODONI TWELVE

.Handgloves
ITC BODONI SEVENTY-TWO

O VERDADEIRO BURRO DE CARGA™

Se fosse um pouquinho mais pesada, a News Gothic de Morris Fuller Benton, 1908, seria a tipografia burro de carga favorita. ITC Franklin Gothic, um redesign de 1980 a partir do tipo original de Benton de 1904, tem mais pesos, assim como versões condensadas e comprimidas, além das versaletes.

Lucas de Groot desenhou sua família Thesis com 144 pesos desde o início. A família Thesis Sans se tornou uma alternativa à Frutiger no meio corporativo, por ser tanto neutra como versátil. Lucida Sans, de Kris Holmes e Charles Bigelow, 1985, tem formas robustas e austeras. Sua irmã tipográfica, Lucida, permanece como uma das melhores opções para comunicação empresarial impressas em impressoras a laser e aparelhos de fax.

FF Meta tem sido chamada de "a Helvética dos anos 1990". Ainda que isso possa ser um elogio duvidoso, Meta é uma calorosa alternativa humanista às clássicas sans serifs. Vários detalhes a tornam legível em pequenos tamanhos e mais "legal" que neutra. Você também deveria considerar úteis os pesos condensados da Frutiger, alternativas ainda subutilizadas.

Desenhadas por Martin Wenzel em 1999, FF Profile é uma das novas gerações das tipografias sans serifs modernas.

O vencedor de fato tem que ser esse tipo, Myriad, desenhada por Carol Twombly e Robert Slimbach em 1991. Myriad é neutra o suficiente para ficar em segundo plano, mas tem aquela personalidade extra para brilhar quando necessário.

■ Chamar uma tipografia de "burro de cargas" não significa que as outras não funcionem, apenas que não parece muito glamorosa e, consequentemente, não é suscetível de ser conhecida pelo nome; tais tipos, entretanto, são usados diariamente por designers e compositores de tipos, pois são muito confiáveis.

● Se você está criando um catálogo de componentes de uma máquina ou instruções de uso para um extintor de incêndio, você não está preocupado com as curvas delicadas das serifas ou com contrastes clássicos. Precisa de fontes que sejam claramente reconhecíveis; compactas, o bastante para se ajustarem a um espaço limitado (e alguma vez há espaço suficiente?); e suficientemente encorpadas para resistirem aos rigores da impressão e da reprodução.

Aqui está o que é necessário numa tipografia vigorosa:

1. Um bom peso regular – não tão leve que desaparecerá numa fotocópia (tudo, ao que parece, é copiado pelo menos uma vez hoje em dia) e não tão pesado a ponto de entupir as formas das letras;
2. Ao menos um peso bold, com contraste suficiente para ser percebido e que complemente o peso regular;
3. Algarismos muito legíveis – estes devem ser especialmente robustos por causa da confusão que esses signos podem causar, o que pode ser um perigo absoluto em alguns casos;
4. Economia – ela deve ser estreita o suficiente para que grandes quantidades de texto caibam no espaço disponível, mas não extremamente comprimida para além do reconhecível. Uma tipografia que se encaixe nesta descrição também passaria muito bem quando enviada por fax.

ITC Officina Bold

Handgloves
Handgloves
News Gothic

Handgloves
Handgloves
Franklin Gothic

Handgloves
Handgloves
Thesis Sans

Handgloves
Handgloves
Lucida Sans

Handgloves
Handgloves
Lucida

Handgloves
Handgloves
FF Meta

Handgloves
Handgloves
FF Meta Condensed

Handgloves
Handgloves
Frutiger Condensed

Handgloves
Handgloves
ITC Officina

Handgloves
Handgloves
FF Profile

Handgloves
Handgloves
Myriad

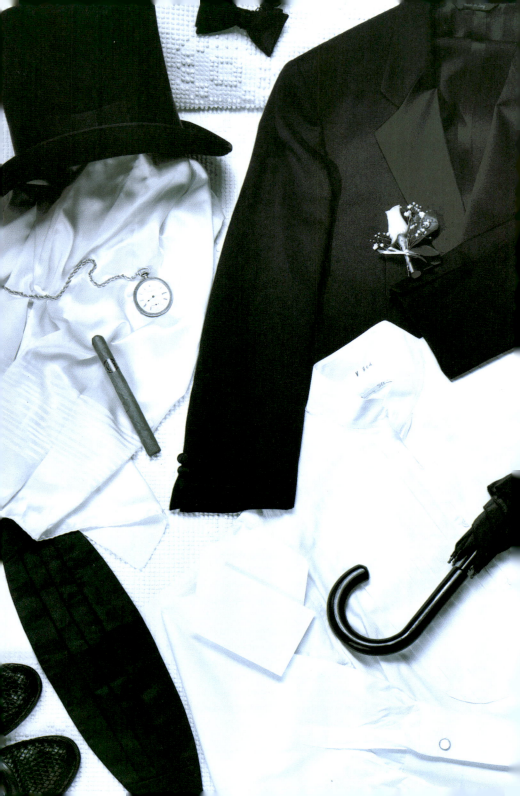

Um
dos poucos santuários para a velha
tradição aristocrática é a
Sociedade. Snell Roundhand

Cartolas, faixas de cetim, sapatos
de couro e casacas são todos
remanescentes do século dezoito,
época em que países eram governados
por reis e rainhas que falavam
francês entre si e com seu séquito.

NÃO FF Scala Jewels
muito disso ainda permanece, exceto para
maitres de restaurantes grã-finos que imitam
o sotaque francês e vestem fraques.
Künstler Script

É CLARO, Mrs. Eaves
O Francês ainda é o idioma oficial
do corpo diplomático. Tipograficamente falando,
temos lembranças dessas tradições um pouco
antiquadas nos designs óbvios e aceitos
para convites e livretos.
Mrs. Eaves Italic

TIPOS CENTRALIZADOS E
UMA PREFERÊNCIA POR FONTES QUE
TÊM BONS ANTECEDENTES NO
ENTALHE EM COBRE E DA MAIS
REFINADA CALIGRAFIA.
Copperplate

E, é claro, Matrix Script Inline
aquelas quatro letras bem familiares, ‹RSVP›, que
significa ‹por favor, nos avise se você irá mesmo›,
mas na verdade quer dizer ‹Repondez s'il vous plâit.›
Suburban Light

Não existe uma categoria conhecida como "fontes formais", mas uma boa quantidade de tipografias vem dessa experiência. O texto ao lado está em Snell Roundhand, uma escrita formal dos anos 1700, redesenhada em 1965 por Mathew Carter.

Além dessas escritas formais como a Snell, Künstler Script e outras, há as corretamente chamadas de copperplates (gravação em chapa de cobre). Tem um aspecto formal e diferenciado e estão disponíveis numa variedade de pesos e versões, mas todas carecem de algo importante: caracteres minúsculos.

Outras tipografias que devem sua aparência ao processo de gravação por entalhe no aço, em oposição à escrita com penas ou entalhe em madeira, são Walbaum, Bauer Bodoni ou ITC Fênice. Estas podem parecer suficientemente formais e aristocráticas para criar uma impressão positiva quando impressas sobre um papel de qualidade.

Enquanto a FF Scala Jewels é uma extensão da família FF Scala (uma interpretação contemporânea das tipografias clássicas para livros) por Martin Majoor de 1993, a Mrs. Eaves é uma abordagem idiossincrática da Baskerville, feita por Zuzana Licko em 1996. O nome é de Sarah Eaves, esposa de John Baskerville. Matrix Script Inline de Licko, 1992, se aproxima do vernacular americano e a Suburban de Rudy Vanderlans, 1993, conecta a escrita clássica com os sinais luminosos do subúrbio. E, como Vanderlans orgulhosamente apregoa, Suburban é a única tipografia existente hoje que usa um *l* invertido como um *y*.

NA CIDADE

Base 9 Small Caps

FF Letter Gothic

Sair pela cidade nos possibilita fazer coisas que não costumamos fazer no escritório e nos permite usar as roupas modernas que nunca resistimos em comprar, mas que realmente não precisamos no básico do dia a dia.

Trendy types

Modula Outline

O que faz uma tipografia virar uma tendência é imprevisível – um desalento enorme para aqueles que precisam vendê-la. Uma corporação, uma revista ou uma emissora de TV pode escolher uma tipografia, expô--la ao público e uma nova tendência tipográfica pode nascer. Mas como na moda e na música pop, é necessário mais que um designer, no momento certo e no lugar certo, para escolher aquela determinada fonte de um site ou de um catálogo.

FF Din Há tipografias que apenas são apropriadas para a ocasião mais ocasional. Elas podem ser modernas demais para serem usadas em comunicações atuais ou poderiam ser simplesmente desconfortáveis demais – um pouco como usar um jeans muito apertado ao invés de admitir que ele não serve mais. Com muita

FF Din Condensed frequência, essas fontes não convencionais são ao mesmo tempo restritivas e extrovertidas.

funfonts

Interstate Bold Condensed

Interstate Light

O grau de divertimento desse tipo de trabalho tipográfico é frequentemente mais alto que nos materiais estritamente corporativos, portanto, obtem-se uma considerável satisfação não só pelas palavras, mas também pelo prazer de poder trabalhar com fontes realmente incomuns.

Fashionable faces

OCR-A

Um atributo que as jaquetas de couro têm, e as fontes da moda nem tanto, é que as jaquetas ficam melhores conforme envelhecem, o que já não se pode dizer sobre alguns tipos que adorávamos nos anos 1970, e que seria demasiado embaraçoso pedir agora. Mas como todos os modismos, eles estão sempre voltando. Não jogue fora suas fontes antigas – guarde-as para seus filhos.

FF Typestar Normal

A tipografia é tanto um espelho do que se passa na sociedade quanto o estilo de telefones celulares ou radiadores de carros. Os carros ainda levam meia dúzia de anos desde o conceito até a produção, portanto, seus designers têm que antecipar tendências. Como os carros são ícones da mobilidade de nossa sociedade, então criam tendências.

Enquanto a tecnologia nos permite produzir uma fonte em semanas – ou em horas – a partir de esboços ou ideias, ainda leva uns poucos anos para uma tipografia chegar ao mercado e chamar a atenção do público comprador. Bem agora, neste início do séc. XXI, estamos presenciando a volta aos clássicos consagrados pelo tempo e suas interpretações modernas. Também aprendemos a conviver com os bitmaps, tanto como uma necessidade quanto como uma afirmação da moda. A maioria dos tipos com estilo industrial tem sido explorada, dos tipos monoespaçados de máquinas de escrever, passando pelos geradores de fontes eletrônicos para sinalização industrial. E algumas das tipografias mais usadas foram primeiramente produzidas para as placas que sinalizam nossas rodovias. A Interstate é a interpretação de Tobias-Frere-Jones das letras "brancas-sobre-verde" nos EUA, enquanto a FF Din ampliou o modelo usado nas autoestradas alemãs. Ironicamente, tipografias desenhadas para um propósito em particular sempre parecem boas em qualquer outra situação.

Contanto que você imprima sobre papel, a escolha da tipografia é governada acima de tudo pelo conteúdo da mensagem, aí, então, pelo público-alvo e somente por último por questões técnicas. Quando passamos da resolução quase ilimitada no papel para as formas geradas por raios catódicos ou em cristal líquido, entramos no mundo das ilusões ópticas. Para compensar a falta de alta definição é preferível que os nossos olhos sejam enganados por imagens verossímeis ao olhar e não simplesmente por pontos de luzes coloridas (veja na p. 121). Na tela, as cores não são criadas a partir do CMYK: ciano, magenta, amarelo e preto, mas recompostas em RGB: vermelho, verde e azul; as letras são compostas por linhas ou pontos elementares e o preto não é uma tinta, mas a ausência de luz.

A tipografia tem que trabalhar duro sob tais condições – aqui não há espaço para fontes descompromissadas, tipos manuscritos, nem fontes do momento que mais escondem do que revelam. Os burros de carga das mídias "velhas" ainda funcionam bem nas novas. Estruturas robustas, contraformas limpas, algarismos claramente distintos e pesos bem definidos já foram todos mencionados antes como pré-requisitos para tudo que deva ser lido sob circunstâncias não ideais. E não importa quanto progresso a tecnologia nos traga no futuro – os olhos humanos nunca ficarão confortáveis olhando fixamente a luz emanada de uma tela de monitor.

Tipos para a arquitetura devem se acomodar entre os materiais e a legibilidade. Um mosaico formado por milhões de pedacinhos permitiria letras com formas mais suaves, mas não seria tão durável nem viável como um feito de pedaços mais grosseiros. Usando apenas elementos triangulares, chega-se bem perto daquilo que nossos olhos percebem como formas arredondadas.

Todos aqueles detalhes minuciosos que fazem uma boa tipografia ser agradável ao olhar e fácil de ler, na verdade, geram ruído numa tela. Porém, a ausência desses detalhes tornaria o tipo frio e técnico, como que gerado por máquinas e legíveis apenas para elas.

O designer de tipografias adequadas à leitura em telas tem que conciliar as exigências de um meio preciso, mas frio (a luz emitida por todo tipo de tubo, cristais, diodos e plasmas), com nossas necessidades de contrastes sutis e formas suaves. E como a maioria daquilo que lemos na tela também será eventualmente impresso, os alfabetos têm que proporcionar uma beleza tradicional suficiente para serem aceitáveis perante a concorrência dos últimos 500 anos.

Letras com formas suavemente expandidas têm contraformas mais abertas e, portanto, são mais legíveis, mas necessitam de mais espaço ao redor seu redor. Nas telas, um contraste sutil entre as finas horizontais e as grossas verticais não é bem traduzido em pixels individuais e serifas miúdas que, aparentando ser delicadas em tamanhos grandes, vão apenas agregar ruído aos tamanhos abaixo de 10 pontos.

As fontes de tela oferecidas pela Microsoft e Apple funcionam bem nessas circunstâncias, mas se tornaram onipresentes demais para reunirem personalidades individuais. O Adobe Web Type apresenta doze Adobe Originals otimizados para boa visualização em telas. As tipografias foram bem refinadas para prover a máxima legibilidade. O pacote inclui ainda fontes cursivas e decorativas.

A Verdana de Matthew Carter se tornou uma fonte de sucesso no papel também, enquanto a Lucida, de Bigelow & Holmes, projetada inicialmente para impressoras a laser em 1983, parece muito bem em altas resoluções e é uma das melhores fontes de tela disponíveis. A FF Typestar, de Steffen Sauerteig, tem formas austeras reminiscentes dos tipos de máquinas de escrever e é adequada para condições extremas em tela e no papel.

Handgloves

Dê uma olhada nestas fontes em tamanhos bem pequenos e você terá uma ideia de quão bem se comportarão na tela.

Handgloves

Dê uma olhada nestas fontes em tamanhos bem prquenos & você terá uma ideia de quão bem se comportarão na tela.

Handgloves

Dê uma olhada nestas fontes em tamanhos bem pequenos &você terá uma ideia de quão bem se comportarão na tela.

E se um texto for destinado especialmente para tela e tamanhos pequenos, fontes puramente bitmap funcionarão. bem. Se imprimi-las, os pixels serão pequenos o bastante, mas, não sumirão. Esta é a Tenacity Condensed em 7pt, uma fonte bitmap de Joe Gillespie.

SHERLOCK HOLMES

Não, Watson, isto não foi feito por acidente, mas pelo design.

Sherlock Holmes é um detetive fictício, criado por Sir Arthur Conan Doyle (1859–1930). Os extraordinários poderes de raciocínio dedutivo de Holmes o levaram, juntamente com seu atrapalhado parceiro, Dr. Watson, a alguns dos mais complexos mistérios da ficção policial.

CAPÍTULO 5

O tipo constrói
a personalidade

O Caminho da Prosperidade

BENJAMIN FRANKLIN

Se o tempo é a mais preciosa dentre todas as coisas, a perda de tempo seria o maior dos desperdícios; o tempo perdido nunca é recuperado e o que julgamos ser tempo suficiente sempre se mostra curto demais. Então ajamos, e não em vão; determinados, faremos mais e melhor, com menos indecisão. A indolência dificulta todas as coisas, mas o esforço torna tudo mais fácil. Aquele que tarda a despertar, apressa-se durante o dia todo e, quando mal começa seu trabalho, é surpreendido pela noite; enquanto a preguiça caminha vagarosamente, a pobreza rapidamente o alcança. A preguiça, assim como a ferrugem, corrói mais rápido que o uso, que mantém a chave sempre brilhante. Não desperdices o tempo, pois é dele que a vida é feita; gastamos tempo ao dormir além do necessário, esquecendo-nos de que a raposa adormecida não apanha a galinha e que haverá tempo de sobra para dormirmos na sepultura.

Então, o que significa desejar e esperar por tempos melhores? Podemos fazer este tempo melhor se fizermos por merecê-lo. Atitude não depende do querer e quem vive de esperanças morre em jejum. Sem trabalho duro não há proveito e aquele que possui um negócio tem um patrimônio, e aquele com vocação tem um ofício de lucro e dignidade. Mas o negócio deve ser trabalhado e a vocação, exercida. Ainda que não tenhas encontrado nenhum tesouro nem recebido uma herança de um parente rico, a atividade é a mãe da boa sorte e o esforço será bem recompensado. Lavra a terra profundamente enquanto os preguiçosos dormem e, então, terás milho para vender e guardar; trabalha hoje enquanto ainda podes, pois não sabes se amanhã estarás impossibilitado: o dia de hoje vale mais que dois amanhãs e, ainda, se tens algo para fazer amanhã, fá-lo hoje.

Envergonha-te quando te vires inerte. Quando tiveres muito o que fazer, anima-te com o raiar do dia. Não deixes o sol olhar para a terra e dizer: "Ali dorme um indolente". Maneja tuas ferramentas sem medo, lembra-te de que o gato com luvas não pega o rato. Há muito a ser feito, é verdade, e talvez

A maneira como os livros são lidos não se alterou muito nos últimos 500 anos, portanto o aspecto dos livros não teve que mudar também. Apenas a economia mudou, o que significa que os editores de hoje insistem em colocar cada vez mais texto na página e nem sempre estão preparados para pagar por uma boa composição, exceto aqueles que realmente se preocupam com o design interno de um livro e não apenas com a capa. Cada real gasto a mais na manufatura de um livro acrescenta sete ou oito reais no seu preço de venda.

As páginas da esquerda deste capítulo foram reduzidas para se ajustar a este livro; a maioria é de cerca de dois terços do seu tamanho ideal.

Livros do tipo brochura, mais baratos, não representam normalmente o estado da arte tipográfica. Poderiam ser mais bonitos do que geralmente são porque observar as regras básicas do layout de livros, usando uma tipografia boa e legível, não custa mais do que ignorá-las e compor textos com qualquer coisa que o impressor tiver à mão.

Para mostrar o quanto podemos realizar com os tipos e como são versáteis, usamos o mesmo texto, escrito por Benjamin Franklin em 1733, para compor todos os exemplos deste capítulo; algumas liberdades foram tomadas com as palavras do Sr. Franklin para algumas explicações tipográficas.

Aqui, nosso exemplo foi composto em Adobe Caslon, a versão de Carol Twombly de 1990, uma das mais populares de todas as tipo-grafias para livros (originalmente desenhada por William Caslon, em 1725); também usamos a Adobe Caslon Expert (veja p. 107). O autor teatral irlandês, George Bernard Shaw, insistia para que todos seus livros fossem compostos em Caslon, o que lhe valeu o título de "caslonista obstinado". Por décadas, o lema dos impressores britânicos era "Na dúvida, use Caslon".

O layout segue o modelo clássico com amplas margens, espaços generosos entre as linhas e um título centralizado. Para obter bordas suaves e agradáveis em ambos os lados da coluna, a pontuação está alinhada à margem direita.

.Handgloves
Adobe Caslon

.HANDGLOVES
Adobe Caslon Expert

Adobe Caslon Ornaments

A Frugalidade nunca sairá de moda.

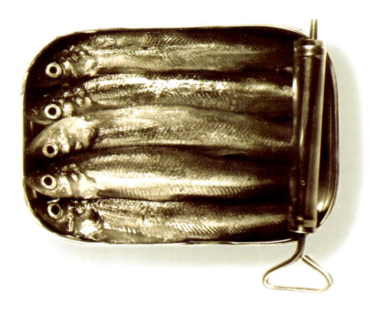

Para ficar seguro, certo e próspero conte com uma instituição financeira de confiança.

É fácil achar que um pouco de chá ou um ponche de vez em quando, uma dieta um pouco mais cara, roupas um pouco mais elegantes e alguma diversão não são grande coisa. Mas, no Banco Benjamin, pensamos que estar atento aos pequenos gastos é tão importante quanto considerações maiores para comprar uma casa: pequenos vazamentos certamente afundarão um grande navio. Nossos consultores financeiros sempre estarão disponíveis para aconselhar as melhores opções para fazer suas economias renderem. Sabemos que aquilo que sempre parece ser um excelente investimento frequentemente pode tomar outra direção. Então, diante de uma grande pechincha, nossos consultores vão se deter um pouco: o barato é apenas uma aparência e não é real. Queremos que nossos clientes aproveitem seu lazer conquistado durante sem ter que pensar no seu dinheiro ganho com suor. Então, tenha isto sempre em mente: se você não der ouvidos à razão, ela vai cobrá-lo depois.

Banco Benjamin

Nossos consultores estão à sua disposição 24 horas por dia. Ligue já:

1-800-POUPANÇA

Parece haver também um estilo genérico para anúncios. Apesar da propaganda não ter uma longa tradição (tem apenas cerca de 150 anos), seu estilo está tão estabelecido quanto o dos livros tradicionais.

Títulos ao alto, uma imagem arrebatadora logo abaixo, subtítulo, texto principal, logotipo, linha final, endereço, site ou número de telefone. Nunca mais que oito elementos! As pessoas são capazes de compreender no máximo esses diferentes componentes em uma mensagem; assim que houver mais, a compreensão vai requerer muito mais esforço e a atenção se dispersará.

Você também pode reconhecer um anúncio sério, baseado numa ideia, por uma tipografia séria. Sem experimentalismos aqui: use uma tipografia clássica e já testada, arranje-a num layout previsível e as pessoas poderão efetivamente ler sua mensagem.

Quando Paul Renner começou a trabalhar na Futura, em 1924, ela foi aclamada como a "tipografia do nosso tempo", aludindo à reforma democrática da sociedade alemã nos anos 1920. O primeiro peso foi lançado em 1927.

O que é mais direto que a Futura, a tipografia que ganhou respeito nos primeiros anúncios da VW de 1950 a 1960? Eles foram verdadeiramente revolucionários ao usar essa comedida e fria tipografia alemã para promover aquele estranho carrinho.

A Futura ainda é uma das mais populares famílias tipográficas, oferecendo aos diretores de arte de todo o mundo uma dos melhores fontes bold, extrabold e condensed disponíveis. A propaganda certamente não seria a mesma sem a Futura.

.Handgloves
FUTURA BOOK

.*Handgloves*
FUTURA BOOK OBLIQUE

.**Handgloves**
FUTURA CONDENSED BOLD

.***Handgloves***
FUTURA CONDENSED BOLD OBLIQUE

.**Handgloves**
FUTURA HEAVY

.***Handgloves***
FUTURA HEAVY OBLIQUE

.**Handgloves**
FUTURA BOLD

.***Handgloves***
FUTURA BOLD OBLIQUE

.**Handgloves**
FUTURA EXTRA BOLD

.**Handgloves**
FUTURA CONDENSED EXTRA BOLD

.***Handgloves***
FUTURA COND. EXTRA BOLD OBLIQUE

.***Handgloves***
FUTURA EXTRA BOLD OBLIQUE

.Handgloves
FUTURA LIGHT

.*Handgloves*
FUTURA LIGHT OBLIQUE

.Handgloves
FUTURA CONDENSED LIGHT

.*Handgloves*
FUTURA CONDENSED LIGHT OBLIQUE

.Handgloves
FUTURA

.Handgloves
FUTURA CONDENSED

.*Handgloves*
FUTURA CONDENSED OBLIQUE

.*Handgloves*
FUTURA OBLIQUE

disperdiçando tempo

Linha do tempo

Uma conferência de Frank Franklin

Se o tempo é a mais preciosa dentre todas as coisas, a perda de tempo seria o maior dos desperdícios; o tempo perdido nunca é recuperado e o que julgamos ser tempo suficiente sempre se mostra curto demais. Então ajamos, e não em vão; determinados, faremos mais e melhor, com menos indecisão. A indolência dificulta todas as coisas, mas o esforço torna tudo mais fácil. Aquele que tarda a despertar, apressa-se durante o diatodo e, quando mal começa seu trabalho, é surpreendido pela noite; enquanto a preguiça caminha vagarosamente, a pobreza rapidamente o alcança. A preguiça, assim como a ferrugem, corrói mais rápido que o uso, que mantém a chave sempre brilhante. Não desperdices o tempo, pois é dele que a vida é feita; gastamos tempo ao dormir além do necessário, esquecendo-nos de que a raposa adormecida não apanha a galinha e que haverá tempo de sobra para dormimos na sepultura.

Sábado, 12 de Dezembro

19h00

Parque Central

Podes pensar, talvez, que um pouco de chá ou um ponche de vez em quando, uma dieta um pouco mais cara, roupas um pouco mais elegantes e alguma diversão não são grandes coisas. Cuidado com as pequenas despesas, um pequeno vazamento pode afundar um grande navio e, mais ainda, os tolos festejam e os espertos os comem. Compre coisas de que não tens nenhuma necessidade e, em pouco tempo, estarás vendendo aquilo de que realmente precisas. Muitos, por uma questão de luxo, ficaram de panelas vazias. Sedas e cetins, veludos e escarlates apagaram a chama do fogão. Por essas e outras extravagâncias, cavalheiros são reduzidos à pobreza

Aquele que tarda a despertar,

apressa-se durante o dia todo e,

quando mal começa seu trabalho

é surpreendido pela noite

Lembra-te disto, porém, se não fores aconselhado, não podes ser ajudado, e mais: se não deres ouvidos à razão, isso vai certamente "quebrar-te as pernas".

Se não fores | aconselhado | não podes ser ajudado

O computador tem nos dado um acesso à linguagem do design que, sem dúvida, teria sido complicado demais sem o auxílio de programas sofisticados e de uma linguagem de descrição de páginas como o *PostScript*. Graduações de cores, sobreposição de imagens, molduras, linhas, quadros, fundos, primeiros planos – tudo isso faz a página aparentar ser uma única imagem, ao invés de uma sequência linear de elementos.

Esse layout específico, à esquerda, pode ser classificado como "New Wave, de 1987". A disponibilidade de milhões de imagens e de milhares de fontes (sem mencionar os 16.7 milhões de cores) com apenas um clique do mouse parece tornar o estilo e a moda – passado e futuro – fáceis de imitar ou, então, de inventar.

Para a sorte dos designers profissionais, isso soa mais fácil do que realmente é. Se qualquer um pudesse ser um designer de sucesso se seguisse receitas simples, amanhã estaríamos sem emprego. Mas aquele ingrediente extra, uma ideia, um conceito, não podem ser formulados tão facilmente assim. As ondas podem ir e vir, mas o design gráfico sempre lidará, antes de tudo, com a solução de problemas e, depois, com a elaboração de estilos.

Para este exercício, não mostramos tudo que poderíamos em uma página. Não enlouquecemos com amostras de imagens, sobrepondo-as em camadas como se o mundo acabasse amanhã ou usando as fontes mais estranhas a disposição.

Ao invés disso, escolhemos a fonte que tem substituído muito bem a Helvetica como a Fonte Corporativa Mundial Número Um. Frutiger (veja na p. 65) está agora disponível em uma boa gama de pesos e larguras, tornando-se apropriada para quase todas as tarefas gráficas. Evita a brandura da Helvetica, adicionando um toque humanista. Isso melhora a legibilidade, mantendo as formas abertas e mais distintas umas das outras.

As versões condensadas são especialmente apropriadas a projetos que pedem um visual limpo, altamente legível, relativamente neutro e econômico no espaço.

Uma comparação de formas críticas das letras em Akzidenz Grotesk, a mãe das modernas sans serifs; Helvetica, o tipo sem caráter; Univers, uma boa alternativa; Frutiger, uma sans serif amigável; Thesis, uma tipografia com 114 primos de uma só família

aces
aces
aces
aces
aces

.Handgloves

FRUTIGER 45 LIGHT

.Handgloves

FRUTIGER 55 ROMAN

.**Handgloves**

FRUTIGER 65 BOLD

.**Handgloves**

FRUTIGER 75 BLACK

.**Handgloves**

FRUTIGER 95 ULTRABLACK

.Handgloves

FRUTIGER 57 ROMAN CONDENSED

.Handgloves

FRUTIGER 67 BOLD CONDENSED

.**Handgloves**

FRUTIGER 77 BLACK CONDENSED

.**Handgloves**

FRUTIGER 87 EXTRABLACK COND.

EMPREENDIMENTOS FRANKLIN

Atitude não depende do querer e quem vive de esperanças morre em jejum. Sem trabalho duro não há proveito e aquele que possui um negócio tem um patrimônio, e aquele com vocação tem um ofício de lucro e dignidade.

Se o tempo é a mais preciosa dentre todas as coisas, a perda de tempo seria o maior dos desperdícios; o tempo perdido nunca é recuperado e o que julgamos ser tempo suficiente, sempre se mostra curto demais. Então ajamos, e não em vão; determinados faremos mais e melhor, com menos indecisão. A indolência dificulta todas as coisas, mas o esforço torna tudo mais fácil. Aquele que tarda a despertar, apressa-se durante o dia todo e, quando mal começa seu trabalho, é surpreendido pela noite; enquanto a preguiça caminha vagarosamente, a pobreza rapidamente o alcança. A preguiça, assim como a ferrugem, corrói mais rápido que o uso, que mantém a chave sempre brilhante. Não desperdices o tempo, pois é dele que a vida é feita; gastamos tempo ao dormir além do necessário, esquecendo-nos de que a raposa adormecida não apanha a galinha e que haverá tempo de sobra para dormirmos na sepultura.

Então, o que significa desejar e esperar por tempos melhores? Podemos fazer este tempo melhor se fizermos por merecê-lo. Atitude não depende do querer e quem vive de esperanças morre em jejum. Sem trabalho duro não há proveito e aquele que possui um negócio tem um patrimônio, e aquele com vocação tem um ofício de lucro e dignidade. Mas o negócio deve ser trabalhado e a vocação, exercida. Ainda que não tenhas encontrado nenhum tesouro nem recebido uma herança de um parente rico, a atividade é a mãe da boa sorte e o esforço será bem recompensado. Lavra a terra profundamente enquanto os preguiçosos dormem e, então, terás milho para vender e guardar; trabalha hoje enquanto ainda podes, pois não sabes se amanhã estarás impossibilitado: o dia de hoje vale mais que dois amanhãs e, ainda, se tem algo para fazer amanhã, fá-lo hoje. Se quiseres um empregado fiel e amável, contrate a ti mesmo. Sê ponderado e generoso até nas mínimas coisas, porque, às vezes, a menor negligência causa grandes prejuízos: pela falta de um cravo, perdeu-se a ferradura, pela falta de uma ferradura, perdeu-se o cavalo, sendo logo alcançado e roubado pelo inimigo.

*F.F. Franklin
Diretora Presidente*

Massa falida ultrapassa os $ 12 bilhões

Isso é o que tinha a dizer sobre o esforço e cuidado com o próprio negócio, mas a isso devemos agregar a frugalidade, se tornarmos nosso esforço mais proveitoso. Pensamos em economizar assim como em obter. Você pode pensar, talvez, que um pouco de chá ou um ponche de vez em quando, uma dieta um pouco mais cara,

Empresas gastam grandes quantias para mostrar aos seus acionistas, clientes e aos bancos como são boas (as empresas, não os outros). Então, contratam designers ou publicitários (há uma diferença) para criar folhetos, catálogos e relatórios anuais para fazê-las parecer tão esplêndidas como gostariam de ser.

Estranhamente, como pode atestar qualquer um que já esteve em um júri de design julgando relatórios anuais ou outra comunicação corporativa, muitas dessas peças gráficas acabam ficando muito similares. Apesar de alguns designers ditarem tendências e outros as seguirem, todos são pagos para fazer seus clientes parecerem diferentes da concorrência.

Portanto, é até fácil projetar uma página corporativa típica, ao menos para os EUA. Na Europa, essa página seria bem diferente, mas com similaridades definidas em certos países. Você sempre pode distinguir um relatório alemão de um holandês, inglês ou italiano, mas todos eles têm algo em comum: a figura do presidente da empresa.

A julgar pela tipografia usada, a página ao lado deve ser de uma instituição financeira ou algo parecido. Foi composta em Bodoni e o layout combina elementos clássicos, como as colunas centralizadas, com convenções publicitárias tradicionais e o texto justificado ao longo da coluna, que é muito estreita para se conseguir uma razoável quebra de palavras e de espaçamento entre elas (mais sobre isso no Cap. 7)

Apesar de não errar com a Bodoni, você pode, entretanto, tentar uma nova versão de vez em quando, as Bodonis da Berthold, Linotype e Monotype são muito parecidas, enquanto a Bauer Bodoni possui tanto contraste entre as hastes grossas e finas que não são apropriadas para tamanhos pequenos. A ITC Bodoni é muito melhor em corpos pequenos que as outras. Suas pequenas peculiaridades só são visíveis em tamanhos grandes, o que pode ser até desejável, visto que trarão um pouco de vida às suas páginas.

A Bodoni evoluiu para uma família extensa – qualquer um que seja alguém no mundo tipográfico oferece uma versão diferente. Aqui estão alguns dos pesos e estilos à disposição.

.Handgloves
BERTHOLD BODONI LIGHT

.Handgloves
BODONI BOOK

.Handgloves
BERTHOLD BODONI REGULAR

.Handgloves
ITC BODONI SEVENTY TWO

.Handgloves
BAUER BODONI BOLD

.Handgloves
BODONI

.Handgloves
BERTHOLD BODONI MEDIUM

.Handgloves
ITC BODONI BOLD SIX

.Handgloves
BAUER BODONI BOLD

.Handgloves
BODONI BOLD

.Handgloves
ITC BODONI BOLD TWELVE

.Handgloves
BAUER BODONI BLACK

.Handgloves
BAUER BODONI BLACK CONDENSED

.Handgloves
BODONI POSTER COMPRESSED

Formulário — Editora tempo Ltda.

▶ *Tempo como Ferramenta.* Benny Frank. Philadelphia: Caslon Publishing, 2002.
790 pgs. Capa dura: $ 29,95.
De *Tempo como Ferramenta*: "Se o tempo é a mais preciosa dentre todas as coisas, a perda de tempo seria o maior desperdício; o tempo perdido nunca é recuperado e o que julgamos ser tempo suficiente, sempre se mostra curto demais. Então ajamos, e não em vão; determinados faremos mais e melhor, com menos indecisão. A indolência dificulta todas as coisas, mas o esforço torna tudo mais fácil. Aquele que tarda a despertar, apressa-se durante o dia todo e, quando mal começa seu trabalho, é surpreendido pela noite; enquanto a preguiça caminha vagarosamente, a pobreza rapidamente o alcança. A preguiça, assim como a ferrugem, corrói mais rápido o uso, que mantém a chave sempre brilhante. Não desperdices o tempo, pois é dele que a vida é feita; quanto tempo gastamos ao dormir além do necessário, esquecendo-nos de que a raposa adormecida não apanha a galinha e que haverá tempo de sobra para dormirmos na sepultura."

▶ *Prudência no Trabalho.* Fran Benjamin. Philadelphia: Caslon Publishing, 2002.
145 pgs. Capa mole. $ 12,95.
De *Prudência no Trabalho*: "Então, o que significa desejar e esperar por tempos melhores? Podemos fazer este tempo melhor se fizermos por merecê-lo. Atitude não depende do querer e quem vive de esperanças morre em jejum. Sem trabalho duro não há proveito e aquele que possui um negócio tem um patrimônio, e aquele com vocação tem um ofício de lucro e dignidade. Mas o negócio deve ser trabalhado e a vocação, exercida. Ainda que não tenhas encontrado nenhum tesouro nem recebido uma herança de um parente rico, a atividade é a mãe da boa sorte e o esforço será bem recompensado. Lavra a terra profundamente enquanto os preguiçosos dormem e, então, terás milho para vender e guardar; trabalha hoje enquanto ainda podes, pois não sabes se amanhã estarás impossibilitado: o dia de hoje vale mais que dois amanhãs e, ainda, se tens algo para fazer amanhã, fá-lo hoje."

▶ *Tempo é Dinheiro.* Jamie Franklin. Philadelphia: Caslon Publishing, 2003.
220 pgs. Capa mole. $ 12,95.
De *Tempo é Dinheiro*: "Devemos considerar a frugalidade, se quisermos tornar nosso esforço mais proveitoso. Alguém poderá, se não souber economizar aquilo que ganha, ser forçado a trabalhar arduamente e, ao final, morrer sem ter valido a pena. Uma cozinha gordurosa gera o desejo por uma magra. Pense em economizar assim como em obter. Um pequeno vazamento pode afundar um grande navio. O barato é apenas uma aparência, não é real: a barganha, ao pressioná-lo na negociação, pode causar mais danos que benefícios. Diante de uma bagatela, pense um pouco."

Taxas de Vendas

Necessitamos recolher os impostos sobre vendas para despachos para os estados listados abaixo. Favor adicionar a quantia correta em porcentagens. Se pagar com cartão de crédito e não souber a taxa sobre a venda, deixe o espaço em branco que preenchermos com o valor correto.

- Califórnia
- Connecticut
- Flórida
- Geórgia
- Illinois
- Maryland
- Massachusetts
- Minnesota
- Missouri
- Nova Jersey
- Novo Mexico
- Nova York
- Ohio
- Pensilvânia
- Texas
- Virgínia
- Washington

Informações do Pedido

Nome

Endereço

Cidade	Estado	Cep	País

Telefone   **Data da Compra**

Título do Livro	Quantidade

Título do Livro	Quantidade

Título do Livro	Quantidade

Subtotal

Taxa de Venda

Despesas de Envio (favor adicionar $2 por livro)

Total do Pedido

Forma de Pagamento

Cheque ou dinheiro incluso, pagável à Editora Tempo Ltda.

Favor debitar do meu cartão de crédito

Número do cartão de crédito   **Validade**

Visa/MasterCard   **American Express**

Assinatura (obrigatória para compras com cartão de crédito)

Uma das áreas em que os tipógrafos não costumam se envolver é o design de formulários. Não é a coisa mais fácil de projetar e, nesse sentido, deve ser considerado um desafio. Oferece recompensas enormes – não como ganhar prêmios ou ser incluído em um anuário de design, mas em termos de realização.

Formulários sempre possuem muito texto, portanto, escolha primeiramente uma fonte mais estreita que as suas usuais. Certifique-se que seja claramente legível, tenha um bom peso bold para as ênfases e que tenha algarismos de boa leitura.

Mantenha as informações já impressas claramente separadas das áreas que solicitam o preenchimento pelas pessoas. Essas linhas devem ser guias atrativas para a escrita manual e não parecer como barras de uma cela de prisão. O mesmo pode ser dito das caixas ao redor de textos. Quem precisa disso? Alguns designers parecem temer que o texto possa cair para fora da página se não existir uma caixa ao redor dele: isso não acontecerá! Sem essas caixas restritivas, formulários não parecem ser nem um pouco ameaçadores ou oficiais. Diferentes áreas na página podem ser separadas por espaço branco, como mostrado no nosso exemplo.

Se alguma tipografia foi projetada para ser neutra, limpa e prática, foi a Univers, desenhada por Adrian Frutiger, em 1957. As versões condensadas dessa tipografia são, na verdade, bastante legíveis, considerando quanto texto pode caber em um espaço muito limitado.

40 anos depois, a Linotype iniciou o trabalho de uma nova versão do design original de Frutiger. A família, agora, inclui 59 estilos mais quatro pesos monoespaçados. Ao passo que o sistema antigo apresentava um sistema numérico para distinguir os pesos, com a Univers 55 sendo o peso romano normal, a nova Linotype Univers necessita de três dígitos. A regular básica é agora a 430. O primeiro dígito refere-se ao peso, p.ex.: 1 é ultralight, 2 thin, etc, e 9 é extrablack. O segundo dígito indica largura, p.ex.: 1 para compressed, 2 para condensed, 3 para a básica e 4 para extended. O terceiro indica letras verticais, romanas (0) ou itálicas (1). Não é exatamente intuitivo, mas eficiente, uma vez que se acostume a ele. Frutiger, Neue Helvetica, Centennial e outros poucos tipos da Linotype ainda são classificados pelo sistema antigo usando dois dígitos para indicar peso e largura ou inclinação.

Esta tabela mostra como todos os pesos da Univers se relacionam entre si.

O sistema numérico faz sentido – desde que você tenha pensado nele.

110	120	*121*	130	*131*	140	*141*
210	220	*221*	230	*231*	240	*241*
310	320	*321*	330	*331*	340	*341*
410	420	*421*	430	*431*	440	*441*
510	520	*521*	530	*531*	540	*541*
	620	*621*	630	*631*	640	*641*
	720	*721*	730	*731*	740	*741*
	820	*821*	830	*831*	840	*841*
	920	*921*	930	*931*	940	*941*

POR FRANK BENJAMIN

A Hora é
ESSA!

Se o tempo é a mais preciosa dentre todas as coisas, a perda de tempo seria o maior dos desperdícios; o tempo perdido nunca é recuperado e o que julgamos ser tempo suficiente, sempre se mostra curto demais. Então ajamos, e não em vão; determinados faremos ainda mais e melhor, com menos indecisão. A indolência dificulta todas as coisas, mas o esforço torna tudo mais fácil. Aquele que

tarda a despertar, apressa-se durante o dia todo e, quando mal começa seu trabalho, é surpreendido pela noite; enquanto a preguiça caminha vagarosamente, a pobreza rapidamente o alcança. A preguiça, assim como a ferrugem, corrói mais rápido que o uso, que mantém a chave sempre brilhante. Não desperdices o tempo, pois é dele que a vida é feita; gastamos tempo ao dormir além do necessário, esquecendo-nos de que a raposa adormecida não apanha a galinha e que haverá tempo de sobra para dormirmos na sepultura. "O sábio aprende pelo erro dos outros, os tolos, raramente por si próprios." Então, o que significa desejar e esperar por tempos melhores? Podemos fazer este tempo melhor se fizermos por merecê-lo. Atitude não depende do querer e quem vive de esperanças morre em jejum. Sem trabalho duro não há proveito e aquele que possui um negócio tem um patrimônio, e aquele com vocação tem um ofício de lucro e dignidade. Mas o negócio deve ser trabalhado e a vocação, exercida. Ainda que não

> **"O sábio aprende pelo erro dos outros, os tolos, raramente por si próprios."**

tenhas encontrado nenhum tesouro nem recebido uma herança de um parente rico, a atividade é a mãe da boa sorte e o esforço será bem recompensado. Lavra a terra profundamente enquanto os preguiçosos dormem e, então, terás milho para vender e guardar; trabalha hoje enquanto ainda podes, pois não sabes se amanhã estarás impossibilitado: o dia de hoje vale mais que dois amanhãs e, ainda, se tens algo para fazer amanhã, fá-lo hoje. Se quiseres um empregado fiel e amável, contrate a ti mesmo. Sê ponderado e generoso até nas mínimas coisas, porque, às vezes, a menor negligência causa grandes prejuízos: pela falta de um cravo, perdeu-se a ferradura, pela falta de uma ferradura, perdeu-se o cavalo, sendo logo alcançado e roubado pelo inimigo, tudo pela falta de cuidado de um ferreiro de cavalos. Podes pensar que um pouco de chá ou um ponche de vez em quando, uma dieta um pouco mais cara, roupas um pouco mais elegantes e alguma diversão não são grande coisa. Cuidado com as pequenas despesas, um pequeno

As revistas talvez sejam um dos melhores indicadores do gosto tipográfico atual de um país; a maioria é redesenhada frequentemente para seguir as tendências culturais contemporâneas. O mercado editorial de revistas é bastante competitivo e o design desempenha um papel significativo no modo como as revistas se apresentam ao público em geral.

Dependendo do público leitor, as revistas podem aparentar um visual antiquado, conservador, pseudoclássico, moderno, arrojado, técnico, noticioso ou agitado. Todas essas características são transmitidas pela tipografia, a qual pode ou não ser uma representação adequada do conteúdo editorial.

Para o nosso exemplo, escolhemos combinar um layout bem tradicional com uma tipografia não muito tradicional. A página emprega muita parafernália do "bom" design editorial: capitulares, títulos espaçados, bordas, caixas com destaques, *lead-ins* em itálico e um contrastante tipo sans serifs bold para complementar uma tipografia serifada.

O *lead-in* itálico se vale um pouco do truque dos tamanhos decrescentes para atrair a atenção e é suficientemente moderno para atender a um público leitor na faixa dos 30 anos e na crise da meia idade. Dizem que essas pessoas são dispostas a ler mais que um par de parágrafos numa sessão de leitura.

O tipo do texto da parte de cima é a FF Quadraat de Fred Smeijers. É quase uma itálica vertical e suas formas especialmente condensadas são herança holandesa. É suficientemente incomum para atribuir distinção, mas não tão ingênua e rebuscada que atrapalhe a leitura normal

Numa análise mais de perto, a FF Quadraat parece mais estranha que o duplo *a* no seu nome. Apesar de ter sido concebida para ser usada em corpos entre 7 e 12 pontos para textos longos e contínuos, seus traços aparentemente exagerados lhes agregam caráter. Sem nenhuma precisão mecânica fácil, que pode parecer fria aos olhos, mas tem pequenas peculiaridades que deleitam o olhar mais cansado. Smeijers a fez usando estudos de técnicas de tipos esculpidos manualmente e esculpiu matrizes pessoalmente antes de usar o computador para digitalizar seus desenhos. Aliás, ele escreveu um livro sobre o assunto, com o título *Counterpunch*.

A Franklin Gothic também foi esculpida (ou cortada) em metal em 1904 quando Morris Fuller Benton a desenhou primeiramente para a ATF. Da mesma forma, ela manteve a vivacidade que normalmente é perdida nas fontes digitais. As pequenas excentricidades ajudaram a fazer da Franklin Gothic o mais notório tipo sans serif anglo-saxão. Mesmo hoje, não há muitas outras tipografias que combinem impacto e simpatia tão bem.

.**Handgloves**
FRANKLIN GOTHIC CONDENSED

.**Handgloves**
FRANKLIN GOTHIC EXTRA COND.

.**Handgloves**
FRANKLIN GOTHIC DEMI

.*Handgloves*
FF QUADRAAT DISPLAY

.Handgloves
FF QUADRAAT REGULAR

.**Handgloves**
FF QUADRAAT BOLD

.Handgloves
FF QUADRAAT SANS

.Handgloves
FF QUADRAAT SANS CONDENSED

Bons Tempos, Dias Melhores

"AQUI DESCANSA UM INDOLENTE."

Francis Franklin

Envergonha-te quando te vires inerte. Quando tiveres muito o que fazer, anima-te com o raiar do dia. Não deixes o sol olhar para a terra e dizer: "Ali dorme um indolente". Maneja tuas ferramentas sem medo, lembra-te de que o gato com luvas não pega o rato. Há muito a ser feito, é verdade, e talvez falte a ti força nos braços, mas empunha-os com firmeza e verás grandes realizações, a água tanto bate até que fura; e com determinação e paciência, o rato roeu a corda e; permite-me acrescentar, pequenos golpes derrubam grandes carvalhos. Se quiseres um empregado fiel e amável, contrata a ti mesmo.

    Sê ponderado e generoso até nas mínimas coisas, porque, ás vezes, a menor negligência causa grandes prejuízos: pela falta de um cravo, perdeu-se a ferradura, pela falta de uma ferradura, perdeu-se o cavalo, sendo logo alcançado e roubado pelo inimigo, tudo pela falta de cuidado de um ferreiro de cavalos. Podes pensar que um pouco de chá ou um ponche de vez em quando, uma dieta um pouco mais cara, roupas um pouco mais elegantes e alguma diversão não são grande coisa. Cuidado com as pequenas despesas, um pequeno vazamento pode afundar um grande navio e, mais ainda, os tolos festejam e os espertos os comem. Compra coisas de que não tens nenhuma necessidade e, em pouco tempo, estará vendendo aquilo de que realmente precisas. Muitos, por uma questão de luxo, ficaram de panelas vazias. Sedas e cetins, veludos e escarlates apagaram a chama do fogão. Por essas e outras extravagâncias, cavalheiros são reduzidos à pobreza...

Novo!

Desejando e esperando por melhores dias? Podemos fazer esses dias melhores se apressarmo-nos. Atitude não depende do querer e quem vive de esperanças morre em jejum. Sem trabalho duro não há proveito e aquele que possui um negócio tem um patrimônio, e aquele com vocação tem um ofício de lucro e dignidade. Mas o negócio deve ser trabalhado e a vocação, exercida. Ainda que não tenhas encontrado nenhum tesouro nem recebido uma herança de um parente rico, a atividade é a mãe da boa sorte e o esforço será bem recompensado. Lavra a terra profundamente enquanto os preguiçosos dormem e, então, terás milho para vender e guardar; trabalha hoje enquanto ainda podes, pois não sabes se amanhã estarás impossibilitado: o dia de hoje vale mais que dois amanhãs e, ainda, se tens algo para fazer amanhã, fá-lo hoje.

O estilo de vida de hoje tem uma coisa a seu favor: proporciona a nostalgia do amanhã; assim que as coisas estão perdidas nos meandros da memória, invariavelmente começamos a olhá-las com encantamento.

Outra vantagem da nostalgia é que você pode reciclar ideias sem ser acusado de furto; as pessoas podem ainda admirar seu interesse por coisas históricas. Frederic Goudy disse certa vez "Os caras do passado roubaram nossas melhores ideias" – poderíamos certamente fazer pior do que olhar para o passado para obter inspirações tipográficas. Afinal, a maioria dos estilos tipográficos que vemos tem estado por toda parte por algumas centenas de anos ou, ao menos, por várias décadas.

Anúncios antigos são sempre uma fonte de divertimento e hoje temos acesso a versões digitais de tipos que nossos predecessores usaram. Podemos recriar esses anúncios quase que fielmente. Mas cuidado: se você imitar aquele visual antiquado bem demais, as pessoas podem não perceber que você está, na verdade, tentando dizer (ou vender) algo novo.

Todas as fontes usadas em nosso nostálgico anúncio remetem aos dias da composição com tipos de metal, quando uma tipografia teria que servir ao impressor não somente para compor anúncios, mas para convites e papelaria também. Os tipos não eram nem baratos nem tão fáceis de se obter como hoje em dia, então, o investimento deveria ser de longo prazo. Impressão tipográfica significa que as letras são literalmente prensadas e cuja pressão deixa sua marca: quanto mais fino o tipo, mais desgaste apresenta. Jobbing Fonts, como eram chamadas, tinham que ser fortes o bastante para suportar a pressão mecânica e suficientemente sonora para serem notadas. E, se fossem um tanto condensadas para economizar algum espaço, certamente seria um bônus.

Cada fundição tinha sua própria versão dessas robustas tipografias. Hermes, da Schriftguss AG, foi produzida primeiro em 1908, assim como sua gêmea, a Block, da Berthold. Nos EUA, William Hamilton Page patenteou o seu tipo de madeira, em 1887. Todas apresentam uma proposta semelhante para o problema: cantos arredondados, baixo contraste e contornos suaves. Se a letra já parecia um pouco gasta, ninguém notaria os efeitos dos maus tratos na impressão, ao contrário do que certamente ocorreria com uma delicada Bodoni, por exemplo.

Rhode é uma bem sucedida tentativa de David Berlow de combinar as primeiras grotescas inglesas – como as feitas por Figgins no começo do século XIX – e um tipo para anúncios americanos, como a retilínea Railroad Gothic, criando uma completa e extensa família de sans serifs. Calma ela não é, mas possui grande presença.

Mathew Butterick apresentou quatro pesos de sua versão da Hermes em 1995. Ela possui imperfeições típicas de impressões rústicas incorporadas ao design. Hamilton foi adaptada por Tom Rickner, em 1993. Ele seguiu o peso Bold original e utilizou-o como base para versões nos pesos Medium e Light. Enquanto a Hamilton Bold é bem condensada, a Médium e Light não desperdiçam qualquer espaço com miolos abertos ou ascendentes muito altas.

. Handgloves

RHODE BLACK CONDENSED

. Handgloves

RHODE BOLD CONDENSED

. Handgloves

BERLINER GROTESK MEDIUM

. Handgloves

BLOCK REGULAR

. HANDGLOVES

FF GOLDEN GATE GOTHIC

. MET *and de of for het und*

FF CATCHWORDS

. HANDGLOVES

FF PULLMAN INLINE

. Handgloves Handgloves Handgloves

HAMILTON LIGHT, MEDIUM, BOLD

. Hand Hand Hand Handgloves

HERMES THIN, REGULAR, BOLD, BLACK

BANQUEIRO OCIOSO PERDE RESPEITO *"Esperava pelo pior"*

A maior Circulação nacional

LUCRO DIÁRIO

Garoto Criado por Lontra do Mar é Considerado Perito Financeiro

Envergonha-te quando te vires inerte. Quando tiveres muito o que fazer, anima-te com o raiar do dia. Não deixes o sol olhar para a terra e dizer: "Ali dorme um indolente". Maneja tuas ferramentas sem medo, lembra-te de que o gato com luvas não pega o rato. Há muito a ser feito, é verdade, e talvez te falte a ti força nos braços, mas empunha-os com firmeza e verás grandes realizações, a água tanto bate até que fura e; com determinação e paciência, o rato roeu a corda e; permite-me acrescentar, pequenos golpes derrubam grandes carvalhos. Se quiseres um empregado fiel e amável, contrata a ti mesmo. Sê ponderado e generoso até nas mínimas coisas, porque, às vezes, a menor negligência causa grandes prejuízos: pela falta de um cravo, perdeu-se a ferradura, pela falta de uma ferradura, perdeu-se o cavalo, sendo logo alcançado e roubado pelo inimigo, tudo pela falta de cuidado de um ferreiro de cavalos. *continua na pg. 12*

Alienígenas Abrem Conta de US$ 1 Milhão em Tucson

NACIONAL

EXCLUSIVO

ELVIS É VISTO EM BANCO

Mulher desmaiou enquanto aguardava seus cheques de viagem "Pensei que fosse por causa de minha nova dieta."

Podes achar que um pouco de chá ou um ponche de vez em quando, uma dieta um pouco mais cara, roupas um pouco mais elegantes e alguma diversão não são grande coisa. Cuidado com as pequenas despesas, um pequeno vazamento pode afundar um grande navio e, mais ainda, os tolos festejam e os espertos os comem. Compra coisas de que não tens nenhuma necessidade e em pouco tempo estarás vendendo aquilo de que realmente precisas. Muitos, por uma questão de luxo, ficaram de panelas vazias. Sedas e cetins, veludos e escarlates apagaram a chama do fogão. Por essas e outras extravagâncias, cavalheiros são reduzidos à pobreza... Desejando e esperando por melhores dias? Podemos fazer esses dias melhores se nos apressarmo-nos. Atitude não depende do querer e quem vive de esperanças morre em jejum. Sem trabalho duro não há proveito e aquele que possui um negócio tem um patrimônio e aquele com vocação tem um ofício de lucro e dignidade. Mas o negócio deve ser trabalhado e a vocação, exercida. Ainda que não tenhas encontrado nenhum tesouro nem recebido uma herança de um parente rico, a atividade é a mãe da boa sorte e o esforço será bem recompensado.

continua na pg. 12

Toda sociedade precisa de uma distração que não cause nenhum dano físico, mas que mantenha ocupadas aquelas pessoas que preferem ficar no mundo da fantasia. Certos jornais atendem a esse segmento mais popular e os estilos tipográficos refletem fielmente suas atitudes jornalísticas.

Como você projeta uma história sobre uma criança que nasceu com três cabeças, famílias que brilham no escuro ou bebês de nove meses que podem prensar suas mães numa bancada de carpinteiro? É fácil: tome um tipo bold, de preferência condensado, distorça aleatoriamente as formas no computador, aplique contornos ao redor das letras, misture vários tipos juntos e insira-os numa mesma página.

Não tivemos tal coragem de aplicar as mesmas técnicas neste livro. Nem expusemos nossos leitores a esses tipos de ilustrações sensacionalistas que esses jornais usam, embora a manipulação de imagens nunca tenha sido tão fácil, com resultados tão realistas: é quase simples demais aplicar um ovni pairando nos céus de sua cidade.

Uma vez que começar a procurar por fontes bold e condensadas, você se dá conta de que nunca há tipos suficientes, assim como as revistas precisam de manchetes impactantes que gritem.

Mencionamos as sempre presentes Futuras, Franklin Gothics e a Antique Olive na p. 51, onde também mostramos a Flyer, Block e Poplar, assim como alternativas mais recentes. A maioria delas, entretanto, é, de longe, mais comportada e de boa aparência para ser usada de modo sensacionalista.

Handgloves
AACHEN BOLD

Handgloves
FF SARI EXTRA BOLD

Handgloves
FORMATA BOLD CONDENSED

Handgloves
INTERSTATE ULTRA BLACK COND.

Handgloves
GRIFFITH GOTHIC ULTRA CONDENSED

Handgloves
FF FAGO CONDENSED

Handgloves
IMPACT

Handgloves
TEMPO HEAVY CONDENSED

Design is Problem Solving

Designing for the web confronts us with a lot of limitations and challenges. It also offers new choices. As this is a book about type and typography, we cannot go into animations or sound, although both are possible and often desirable on a web page. We also can't go into the details of HTML or any other programing language. There are plenty of books available and, of course, a lot of information can be found online.

Design is problem-solving

Solving problems and working with constraints is what separates real communication design from making pretty pictures – in any media. Three main constraints define web design: size/format, color, and type.

Landscape or portrait?

Most printed pieces – books, magazines, brochures, newspapers – are in portrait format, ie they are taller than wide. As computer monitors are wider than tall web pages also have to be in landscape format. And since monitors on desktops cannot be scaled to any size and are viewed from arm's length, a web page can't be as big as a poster.

Too wide is bad

A landscape page across 600 pixels with 10 point type will yield lines with more than 120 characters, or 20 words. Half that amount would be ideal. If you make a narrower column to avoid the reader having to turn her head, you gain space at the side, ideally suited to accomodate those headlines and other emphasis you would have put in the middle of the text on a portrait format.

Leading is good

Adding more space between lines (aka leading) works wonders, too. Just try a few extra points of leading and legibility will be improved tremendously (see page 141).

Color is cheap

Color is an expensive luxury on paper, but comes free on the screen. Use it for emphasis or simply to make a page more attractive. Reverse type reads better on screen than it does on paper, but you should still use it sparingly.

Type is simple

Italic type is simply stupid. The pixel grid is square and does not allow for old typographic traditions. You can't make type light either, as you cannot have less than one pixel for a stroke. Go bold, go bigger, go color or create space for emphasis in text.

Traditional doesn't work

Times New Roman was designed for printing a newspaper. Helvetica for advertising. If you can't or won't use software which embedds your own fonts into the web page, at least use Cascading Style Sheets with fonts made for the screen. Verdana and Georgia were designed for this medium.

fazer design é resolver problemas

Projetar para a web nos confronta com uma série de limitações e desafios. Também oferece novas opções. Como este livro trata de tipos e tipografia, não podemos entrar com animações e sons, entretanto, ambos são possíveis e, às vezes, desejáveis numa página web. Há uma boa quantidade de livros disponíveis e, é claro, muita informação pode ser encontrada online.

Resolver problemas e trabalhar com restrições são o que distingue fazer o verdadeiro design de comunicação da criação de imagens bonitas — em qualquer mídia. Três restrições principais definem o design para web: tamanho, formato, cor e tipo — Mas aqui iremos igorar ao menos uma delas.

paisagem ou retrato?

A maioria das peças impressas — livros, revistas, folhetos, jornais — é em formato retrato, ou seja, é mais alta que larga. Como os monitores de computador são mais largos que altos, as páginas web também têm que ser em formato paisagem. E, assim como os monitores não podem ser escalonados em qualquer tamanho e são visualizados ao alcance dos braços, uma página web não pode ser tão grande quanto um cartaz.

linhas longas são ruins

Uma página em paisagem com 600 pixels de largura e com um tipo de 10 pt produzirá linhas com mais de 120 caracteres, ou 20 palavras. O ideal é a metade disso, permitindo colunas mais estreitas e deixando subtítulos mais próximos do texto.

entrelinhas são bons

Acrescentar mais espaço entre as linhas (leading) funciona maravilhosamente. Tente alguns pontos extras de entrelinhas e a legibilidade aumentará tremendamente (veja p. 141).

cor é barato

Usar cores sobre papel é um luxo caro, mas é de graça numa tela. Tipos em negativo numa tela são mais bem lidos do que sobre papel, mas, mesmo assim, você deve usá-los esporadicamente — uma página como esta é um pouco demais.

tipos são simples

Usar tipos itálicos em tela é *simplesmente uma estupidez*. O grid de pixels é quadrado e não permite antigas tradições tipográficas. Aliás, você não pode fazer o tipo ficar mais light, mas não pode ter menos que um pixel para as hastes. **Pense em bold, faça grande**, use cores.

o tradicional não é mais seguro

A Times New Roman foi desenhada para ser impressa em jornais. A Helvetica para anúncios. Se não puder ou quiser usar softwares que incorporem suas próprias fontes nas páginas web, ao menos use Cascading Style Sheets (CCS) com algumas fontes criadas para tela. Verdana e Geórgia foram feitas para esse propósito.

TÍTULO	**VERDANA**
TEXT	**TENACITY CONDENSED & COND. BOLD**

Se o tempo é a mais preciosa dentre todas as coisas, a perda de tempo seria o maior desperdício; |

o tempo perdido nunca recuperado | e o que julgamos ser tempo suficiente, sempre se mostra curto demais. | Então ajamos, e não em vão;

determinados faremos mais e melhor, com menos indecisão. | A indolência dificulta todas as coisas, mas o esforço torna tudo mais fácil. |

Aquele que tarda a despertar, apressa-se durante o dia todo e, quando mal começa seu trabalho, é surpreendido pela noite; enquanto a preguiça caminha vagarosamente,

a pobreza rapidamente o alcança. | A preguiça, assim como a ferrugem, corrói mais rápido que o uso, que mantém a chave sempre brilhante. | Não desperdices

o tempo, pois é dele que a vida é feita; quanto tempo gastamos ao dormir além do necessário, esquecendo-nos de que a raposa adormecida não apanha a galinha e que haverá tempo de sobra para dormirmos na sepultura.

Então, o que significa desejar e esperar por tempos melhores? | Podemos fazer este tempo melhor se fizermos por merecê-lo. | Atitude não depende do querer e

quem vive de esperanças morre em jejum. | Sem trabalho duro não há proveito | e aquele que possui um negócio

tem um patrimônio. | Ainda que não tenhas encontrado nenhum tesouro nem recebido uma herança de um parente rico, a atividade é a mãe

da boa sorte e o esforço será bem recompensado. | Lavra a terra profundamente enquanto os preguiçosos dormem e, então, terás o milho.

Embora conjuntos de símbolos não sejam, estritamente falando, tipografias propriamente, ainda são capazes de representar precisamente a mensagem de Benjamin Franklin. São amplamente disponíveis e podem ser usados em textos, assim como as letras. Na verdade, o nosso alfabeto se originou de pictogramas, pequenos desenhos que simbolizavam objetos, pessoas, atividades ou eventos.

O desenho de um crânio com ossos cruzados é internacionalmente identificado como um sinal de morte ou (ao menos) de perigo; uma seta indica direção ou movimento; uma cama é uma cama, significando descanso; um relógio simboliza tempo e o cifrão, dinheiro.

No geral, símbolos, sinais e dingbats são usados para expressar uma ideia que ocuparia muito espaço se fosse explicada com palavras, especialmente se tiver que ser compreendida por pessoas de diferentes culturas e, por essa razão, ser escrita em mais de um idioma. A sinalização de aeroportos é um exemplo típico.

Pode ser apropriado substituir um símbolo por uma palavra ou frase frequentemente usada ou apenas para dar vivacidade ao texto. Há muitas fontes de símbolos disponíveis. Um símbolo sempre pode ser usado com bom efeito de modo bem diferente daquele para o qual foi planejado. E se o símbolo que você precisa não existir, simplesmente desenhe-o você mesmo em um programa de ilustração.

Carta

Universal News and Commercial Pi

FF Care Pack

FF Bokka One

ERIC GILL

Letras são coisas,
não imagens de coisas.

Eric Gill (1882–1940) foi
escultor, gravador de letras
em pedra, gravador em
madeira, ilustrador de livros
e articulista em edições
culturais. O estilo pessoal
controverso e excêntrico de
Gill continua sendo muito
comentado, um ponto
inconveniente na sua lista
de realizações memoráveis.
Ele desenhou os tipos Gill
Sans, Perpétua e Joanna.

CAPÍTULO 6

Tipos de tipos

Do que nos lembramos das pessoas? Sem a ajuda de sons e cheiros, temos que contar com informações visuais: a cor de seus olhos e seus cabelos; são altas ou baixas, magras ou gordas? Usam óculos, têm barba ou são dentuças?

Muitas dessas características não são claras e, portanto, indisponíveis para usar na identificação quando alguém vem na sua direção contra o sol. Tudo que você vê é uma silhueta sem personalidade. E quanto mais roupas esse alguém estiver usando, menos clara é sua forma. O pior caso é este ilustrado aqui: pedimos ao João, Paulo, Jorge e Rita para usarem chapéus e jaquetas para estas fotos e, consequentemente, tivemos dificuldades para dizer quem era quem quando vimos a imagem impressa.

Por outro lado, esta era a questão. Tipograficamente falando, isso seria como compor palavras somente em maiúsculas e depois colocar uma caixa ao redor de cada letra. Você teria que olhar para cada letra individualmente para poder ler a palavra e não contaria com a ajuda da forma geral das palavras. Infelizmente, muitos signos que deveríamos ser capazes de ler numa passada são desenhados dessa forma. Mas palavras são como rostos: quanto mais características podemos ver, mais fácil fica saber quem é quem.

Apesar de termos dificultado as coisas pelo uso exclusivo de maiúsculas e colocado-as em um retângulo, ao menos usamos um tipo que é fácil de ler; as formas das letras são diferentes o suficientemente para serem distinguidas, embora não de um modo individual que dificulte a leitura de palavras completas.

Quando lemos textos mais longos, não olhamos para caracteres individuais; reconhecemos a forma geral das palavras e vemos aquilo que esperamos ver. É por isso que frequentemente não percebemos erros de digitação. Mas quando estamos procurando algo novo ou desconhecido, como o nome de um lugar ou de uma pessoa, necessitamos olhar para cada letra cuidadosamente. Isso é particularmente verdadeiro quando conferimos nomes e números em listas telefônicas, ou coisas do gênero. As tipografias desenhadas para esse propósito (mostradas na p. 39) dão notoriedade a caracteres individuais. Para fontes de texto, a arte está em criar formas claras, distinguíveis e harmônicas com as palavras e sentenças.

As palavras no teste maior, nas caixas, foram compostas em Myriad; abaixo, alternativas de maiúsculas sem serifas.

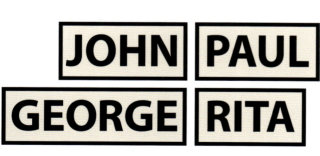

ITC Avant Garde Gothic Demi

GEORGE
Gill Sans Bold

GEORGE
Din Bold

GEORGE
Futura Heavy

GEORGE
Thesis Sans Bold

GEORGE
Helvetica Bold

GEORGE
FF Meta Normal

Como a boa educação manda tirarmos o chapéu sempre que encontramos alguém, temos agora a chance para conhecer melhor nossos educados amigos: ainda sem rostos, os diferentes estilos de cabelo nos dão boas pistas de suas identidades.

Escrever os nomes em maiúsculas e minúsculas proporciona a cada uma das palavras um contorno definido. Olhando-as novamente, você provavelmente poderá distingui-las apenas pela forma das caixas ao seu redor; ao menos, isso é o que seu inconsciente irá fazer: se vir uma forma familiar, ele vai automaticamente dar-lhe o nome associado a essa forma.

O contorno de uma palavra é determinado por quais letras se projetam para cima ou para baixo do corpo principal. Essas partes são chamadas de ascendentes e descendentes, respectivamente.

Pesquisas demonstram que nossos olhos esquadrinham o topo das letras minúsculas (alturas de "x") durante o processo normal de leitura, portanto, é nessa zona que ocorre a identificação primária de cada letra. O cérebro reúne essas informações e compara-as com a forma dos contornos das letras. Se observássemos individualmente cada letra conscientemente, leríamos tão vagarosamente quanto uma criança que não aprendeu a compreender o significado das palavras a partir de tais informações mínimas.

Enquanto as ascendentes e descendentes são vitais para uma leitura fácil, elas precisam estar bem harmonizadas para não chamarem a atenção para si. Tipografias com detalhes exagerados podem parecer atraentes letra por letra, mas são seus próprios inimigos numa leitura fluida. Em tipografia, tudo está conectado com tudo; elementos individuais são percebidos apenas à custa do todo.

As palavras de teste à esquerda estão compostas em Myriad maiúsculas e minúsculas. Abaixo estão as ascendentes e descendentes representadas por outras quatro tipografias.

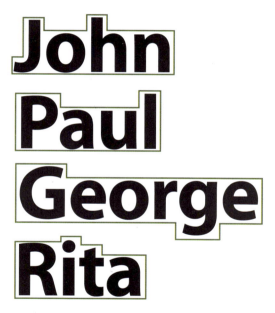

George & Paul
Antique Olive (quase nehuma ascendente ou descendente)

George & Paul
ITC Garamond Book
(não muito explícitas)

George & Paul
Stempel Garamond (médio)

George & Paul
Weiss Italic
(ascendentes muito evidentes)

O momento da verdade, na vida assim como na tipografia: sem mais disfarces por trás de chapéus ou silhuetas contra a luz. Agora podemos ver as características – olhos, lábios, cabelo – e complementos estilísticos como óculos e penteados. E nossos amigos têm expressões em suas faces, embora tenha sido solicitado que todos tivessem um visual "normal".

É óbvio que isso significava algo diferente em cada um deles, como ocorre quando tipografias são descritas como normais, úteis ou robustas, sem mencionar belas, delicadas ou vistosas.

A maioria dos designers gráficos e tipógrafos concordam que apenas um punhado de tipos é necessário para seus trabalhos diários; felizmente (ao menos para os fabricantes e designers de tipos), eles nunca coincidem sobre os mesmos tipos. Precisamos de milhares. Então, cada um de nós pode escolher seus favoritos. São como sapatos: alguns não precisam mais do que meia dúzia de pares, mas outros fazem escolhas diferentes e assim por diante. Para obter expressões individuais, assim como a máxima legibilidade, precisamos usar todos os recursos disponíveis.

Escolher uma fonte específica para uma mensagem em particular pode ser divertido, mas também extremamente difícil. O que você quer expressar além de meros fatos? O quanto você quer interpretar, agregar seus próprios comentários, decorar, ilustrar? Mesmo se você escolher o que pode ser chamado de tipografia "neutra", você fez uma escolha que transmite às pessoas que a mensagem é neutra.

Ao projetar a aparência visual de uma mensagem, você está adicionando alguma interpretação a ela. John, Paul, George e Rita sem dúvida teriam uma vigorosa discussão sobre os tipos escolhidos para representar seus nomes e, consequentemente, eles próprios.

As escolhas foram regidas não tanto pela tentativa de captar suas personalidades, como pelas letras que aparecem em seus nomes. A escolha dos tipos pode manipular o significado das palavras.

John
Gill Sans Bold

Paul
Tekton Bold

George
FF Scala Condensed Bold

Rita
ITC Benguiat Gothic Bold

Uma coisa é selecionar tipos para representar um indivíduo e outra, bem diferente, é expressar similaridades e diferenças dentro de uma mesma família. Sabemos que irmãs e irmãos nem sempre se dão bem. Entretanto, é bem fácil dizer quando pessoas pertencem à mesma família; algumas puxam ao pai; outras, à mãe e outras são uma combinação das características de ambos.

Tipos também existem em famílias. Enquanto alguns estilos podem ser utilizados mais extensivamente que outros (você não comporia um livro inteiro em um tipo semibold), não há domínio paterno ou materno nas famílias tipográficas.

A família Von Trapp demonstrou os tradicionais valores familiares: viver juntos, cantar juntos.

Cada membro desempenha sua função, independentemente de idade ou status. Sob alguns pontos de vista, a tipografia existe em um mundo ideal.

Tradicionalmente, os tipos usados para compor livros não possuíam o peso bold, sem falar nas versões extrabold e condensado ou, até mesmo, uma versão exclusiva para títulos. Esses adendos mais cativantes surgiram apenas no início do século XIX, quando a Revolução Industrial criou a necessidade de anunciar bens de consumo.

Aplicada apropriadamente, entretanto, uma família completa fornece um escopo suficiente para solucionar todos os problemas tipográficos numa composição de textos. Hoje, os pesos bold e semibold incorporam-se à maioria dos tipos mais tradicionais.

Se julgar que essas tipografias incestuosas não resolverão seus problemas de comunicação, você pode trazer algum sangue novo de outras famílias. Atualmente, isso é bastante aceitável – mais a respeito na p. 109.

A família Adobe Garamond foi desenhada em 1989 por Robert Slimbach. Esta família tipográfica não seria grande o suficiente para formar um coro, sem suas versaletes, as filhas bold e itálicas e suas primas *titling*.

. Handgloves
ADOBE GARAMOND REGULAR

. *Handgloves*
ADOBE GARAMOND ITALIC

. **Handgloves**
ADOBE GARAMOND SEMIBOLD

. ***Handgloves***
ADOBE GARAMOND SEMIBOLD ITALIC

. **Handgloves**
ADOBE GARAMOND BOLD

. ***Handgloves***
ADOBE GARAMOND BOLD ITALIC

. HANDGLOVES
ADOBE GARAMOND TITLING

. HANDGLOVES
ADOBE GARAMOND EXPERT

Você pode notar a diferença entre um violão *National steel*, um *square-neck* havaiano, uma *Fender Telecaster*, uma *Dreadnough* ou um violão acústico de doze cordas? Veja à esquerda. Todos esses instrumentos estão aí, exibidos na sala de estar de um músico que nos deixou fotografá-los. Para tocar uma grande variedade de músicas, todos eles são usados.

Embora apenas os músicos mais experientes possam detectar as diferenças entre os instrumentos numa gravação, o instrumentista ainda tem que decidir qual deles executará perfeitamente aquele som específico, do mesmo modo que um *chef* usa temperos dos quais você nunca ouviu falar para tornar uma degustação inesquecível. É a adaptação de uma ferramenta básica e popular que serve a vários propósitos, e os profissionais necessitam ter todas as opções à sua disposição.

Quando se trata de refinamento, os tipos não são exceção. Não por acaso, as fontes que fornecem aquele algo a mais são chamadas de "*expert sets*", ou grupo de caracteres especiais. Alguns deles de fato requerem um especialista para encontrar todos os caracteres corretos e colocá-los no lugar apropriado, mas quando tiver uma questão complexa para resolver, você não pode esperar uma solução simplória.

Lembra-se da máquina de escrever? Ela possuía menos teclas que um teclado de computador e o máximo que você podia obter de uma margarida de impressão (cabeçote com os tipos) eram 96 caracteres. Considerando que nosso alfabeto possui apenas 26 letras, isso não é ruim se comparado com o conjunto completo de cerca de 220 caracteres numa típica fonte digital.

Há idiomas além do inglês, outras medidas além da polegada, pés e jardas. Profissões e ciências especializadas requerem suas próprias formas de codificar e decodificar as mensagens e os caracteres especiais tornam essa tarefa um pouco mais fácil. Dois tipos de caracteres que costumavam ser usados como parte de famílias tipográficas padrão são agora agrupados em expert sets: algarismos old style e ligaduras.

Números podem ficar feios ou incômodos quando compostos no meio de um texto normal. Algarismos Old style, às vezes chamados de algarismos minúsculos, são dotados com características do tipo ascendentes e descendentes, o que possibilita mesclá-los melhor com as letras de um texto numa página. Outra situação é quando uma letra colide com um pedaço de outra letra ao lado. O exemplo mais óbvio é a sobreposição do gancho do f sobre o pingo do i. A combinação de caracteres, chamadas de ligaduras, evita colisões infelizes como essa.

fi fl ff ffi ffl
fi fl ff ffi ffl

Esquerda: Caracteres antes e depois da ligadura.

Direita: Fontes expert estão disponíveis para várias tipografias populares e práticas; estas incrementam sua utilidade para além dos trabalhos corriqueiros. Os expert sets da Adobe incluem versaletes, frações, ligaduras, caracteres especiais e algarismos old style (não alinhados).

ABCDEFGHIJKLMN
OPQRSTUVWXY&Z
¼ ½ ⅛ ⅜ ⅝ ⅔
ff fi ffi ffl fl
Å Ž Ý Rp ¢ $ ^ .. Ý
1234567890

E se os membros da sua família não souberem cantar? E se você precisar de dois sopranos, mas tiver apenas uma irmã? Talvez você tenha três irmãs e dois irmãos que não sabem cantar ou tocar um instrumento. Ok, então encontre você mesmo alguns estranhos, coloque-os no mesmo conjunto, chame-os de "família" e todos acreditarão que vocês sempre estiveram juntos. Foi isso o que fez o músico Lawrence Welk.

O equivalente tipográfico não parece ser tão harmonioso. Na verdade, a ideia é incorporar outras fontes que fazem coisas que sua família básica não faz. Normalmente, isso significa umas poucas variantes mais pesadas se você estiver compondo com um tipo clássico para livros que não possui um peso bold e muito menos um peso extrabold. Ou então você pode precisar de mais contraste – páginas de revista diagramadas com uma única fonte tendem a parecer muito cinza. E, então, alguns tipos parecem ficar melhores em certos tamanhos e isso também deve ser considerado se estiver lidando com textos em corpos muito grandes ou pequenos.

Estilistas da alta costura chamam isso de *accessoires*, e o equivalente tipográfico deve ser escolhido do mesmo modo: deve cumprir uma função em particular ao mesmo tempo em que alcança um equilíbrio estético com o vestido principal.

A melhor forma de agregar impacto tipográfico é usar famílias extensas de tipos, como a Lucida, que inclui uma sans serif e uma serifada, ou uma família como a ITC Stone que, além das sans serif e serifada, possui uma versão informal.

Agfa Rotis, desenhada em 1989 por Otl Aicher, um dos mais conhecidos designers alemães, vem em quatro versões: Sans, Semisans, Serif e Semiserif.

A ITC Officina foi primeiramente concebida para ser usada na correspondência de escritórios; com versões sans e serif para serem usadas no lugar da Letter Gothic ou Courier.

Um modo mais desafiador de agregar contraste e ousadia a uma página tipográfica é convidar membros de outras famílias. Em geral, é conveniente misturar tipos diferentes de um mesmo designer (Joanna e Gill Sans de Eric Gill funcionam bem juntas, assim como a maioria dos tipos de Adrian Frutiger), ou do mesmo período, ou mesmo de períodos bem diferentes. Existem tantas receitas quanto existem fontes. As próprias páginas deste livro são exemplos mistura de tipos: Minion para o texto e Myriad, uma sans serif num peso bold em corpo menor (e em outra cor) para os textos laterais e outro peso para as legendas.

.Handgloves

AGFA ROTIS SANS SERIF

.Handgloves

AGFA ROTIS SEMISANS

.Handgloves

AGFA ROTIS SEMISERIF

.Handgloves

AGFA ROTIS SERIF

.Handgloves

ITC OFFICINA BOOK

.*Handgloves*

ITC OFFICINA ITALIC

.**Handgloves**

ITC OFFICINA BOLD

.Handgloves

ITC OFFICINA SERIF BOOK

.*Handgloves*

ITC OFFICINA SERIF ITALIC

.**Handgloves**

ITC 117OFFICINA SERIF BOLD

.Handgloves

JOANNA REGULAR

.**Handgloves**

JOANNA EXTRA BOLD

.Handgloves

GILL SANS REGULAR

.*Handgloves*

GILL SANS REGULAR ITALIC

.**Handgloves**

GILL SANS BOLD

.*Handgloves*

GILL SANS BOLD ITALIC

Já que começamos com a comparação musica/ tipografia, vamos usar mais um exemplo desse universo para ilustrar outra característica tipográfica.

Existem música barulhenta e música tranquila, tons suaves e pesados e existe – você duvida? – um paralelo tipográfico. Alguns tipos são sonoros pelo seu design, outros são bastante finos e suaves. Uma boa família de fontes proverá todos esses humores.

Para ilustrar a mais ampla gama possível de uma família, escolhemos um tipo com muitas versões e pesos, Helvetica, começando pelos pesos mais leves para sugerir os timbres de uma flauta. Tipos muito leves servem para aquelas mensagens para as quais queremos um aspecto mais delicado e elegante.

A Helvetica não é o design tipográfico mais elegante de todos os tempos, mas é prática e neutra, além de ser vista em toda a parte. Desenhada por Max Miedinger em 1957, a família cresceu aos trancos e barrancos em empresas fundidoras de tipos (Haas, na Suíça; Stempel e Linotype, na Alemanha) adicionando pesos na medida da demanda de seus clientes. O resultado foi uma grande família cujos elementos não parecem muito relacionados entre si.

Quando os tipos digitais se tornaram um padrão de produção, a Linotype decidiu reeditar toda a família Helvética, desta vez coordenando todas as versões para cobrir a maior gama possível de pesos e larguras. Para auxiliar a distinção dentre os 50 deles, foram-lhes atribuídos o mesmo sistema numérico daquele delineado por Adrian Frutiger para a Univers (e dois dígitos não foram suficientes para nomear todas as variantes – veja na p. 85); aqui, o peso mais leve está designado por um "2" em seu nome. A fonte foi rebatizada para Neue (nova, em alemão) Helvetica.

HHHHHHHH

25   26   35   36   45   46   55   56

A flauta emite sons leves, delicados; na outra ponta do espectro musical está a tuba com seu som sólido e inconfundível. Como todo amante da música sabe, um grande instrumento não precisa ser sempre tocado a todo volume e uma tuba nunca funcionará bem nos limites de uma pequena orquestra de câmara.

Também há limites para o uso de tipografias muito pesadas. Em corpos pequenos os espaços internos das letras bold começam a saturar e fechar, tornando a maioria das palavras ilegíveis. Portanto, igual a escrever uma música para tuba, a melhor coisa para tipos bold é usá-los quando você precisar acentuar o ritmo e der ênfase a outros instrumentos e vozes.

À medida que as letras ficam mais pesadas, seus espaços internos diminuem, fazendo-as parecer menores que suas contrapartes mais leves. O type designer corrige esse efeito aumentando sutilmente a altura das letras mais bold. Algo similar ocorre com a largura de uma letra – quanto mais grossas forem as hastes, mais peso é acrescentado às laterais das letras, tornando as versões mais pesadas também mais largas que suas primas mais leves.

Quando as letras são muito bold, são comumente chamadas de Black ou Heavy (pretas ou pesadas) ou, até mesmo, Extra Black ou Ultra Black. Não há um sistema para nomear os pesos de uma família, portanto, para uma clara comunicação é saudável utilizar as denominações vigentes ao falar de famílias grandes como a Neue Helvetica.

Uma vez que o peso de uma letra atinja massa e largura críticas, ela começa a parecer estendida, assim como extrabold. Estender um design aumenta o espaço branco dos miolos (espaços internos das letras), assim algumas versões black estendidas podem parecer mais leves que suas contrapartes black mais estreitas.

No caso da Neue Helvetica há mais um peso além da versão 95 (Black): a 107, Extra Black Condensed. Se você olhar bem de perto, perceberá que a largura de suas hastes não é maior que aquelas do peso Black. Condensar as formas das letras cria espaços internos menores e o tipo fica muito mais escuro.

. **Handgloves**
65 Neue Helvetica Medium

. **Handgloves**
75 Neue Helvetica Bold

. **Handgloves**
85 Neue Helvetica Heavy

. **Handgloves**
95 Neue Helvetica Black

. **Handgloves**
107 Neue Helvetica
Extra Black Condensed

HHHHHHHHH

65   66   75   76   85   86   95   96   107

Ritmo e contrastes continuam vindo à tona quando se discutem a boa música e o bom design tipográfico. São conceitos que também se aplicam à linguagem falada, com o que qualquer um que já tenha participado de uma palestra monótona vai concordar; o mesmo tom, volume, e velocidade da fala vão levar o ouvinte mais interessado ao mundo dos sonhos. A plateia precisa ser sacudida de vez em quando, tanto com a vez da palavra, por uma questão colocada ou pela fala suave do palestrante que subitamente eleva o tom. Uma brincadeira ou piada ocasional também funciona, da mesma forma que o uso de um tipo engraçado pode animar uma página.

Só existe uma coisa pior que uma piada ruim ou mal contada: a mesma piada contada duas vezes. Seja qual for o artifício tipográfico que você criar, não deixe que se transforme em um engodo. Uma gama bem coordenada de fontes lhe dará plenas condições para criar contrastes e ritmo, assegurando-o no conforto de uma família bem comportada.

Ao contrário da Univers, a Neue Helvetica não possui variantes extremamente condensadas, mas dentro das famílias tradicionais da Helvetica existem dúzias de outras versões, da Helvetica Inserat aos estilos Compressed ou até as Extra e Ultra Compressed.

Alterar o ritmo tipográfico pelo uso ocasional de um tipo condensado ou realmente estendido pode fazer milagres. Lembre-se, entretanto, de que problemas de espaço nunca devem der resolvidos compondo textos muito longos com uma tipografia muito condensada.

Embora as grandes famílias como a Helvetica possam facilitar a sua vida, não tardará a ficarem previsíveis; vem à mente o ditado: "O pau pra toda obra não é mestre em nada". Seria insensato ignorar as fontes especiais que foram desenvolvidas para solucionarem problemas específicos.

Mas se você procura a máxima variedade organizada em uma estrutura racional, vire a página.

Handgloves
HELVETICA INSERAT

Handgloves
HELVETICA COMPRESSED

Handgloves
HELVETICA EXTRA COMPRESSED

Handgloves
HELVETICA ULTRA COMPRESSED

| 37 | 38 | 47 | 48 | 57 | 58 | 67 | 68 | 77 | 78 | 87 | 88 | 97 | 98 | 107 | 108 |

Você pode ter tantas bandas, grupos, quartetos e quintetos quanto quiser, nada supera uma orquestra completa quanto à produção de todos os sons que um compositor pode imaginar. Geralmente, uma orquestra de músicos utiliza instrumentos que permanecem inalterados há séculos; apesar disso, estranhos instrumentos modernos podem ser incluídos atualmente.

Novamente, um pouco parecido com a tipografia. Os instrumentos (nossas letras) têm sobrevivido por centenas de anos com formas bem semelhantes e as melodias (nosso idioma) também não mudaram muito. Para um design clássico, temos tipografias tradicionais e nossas maneiras consolidadas de arranjá-las numa página. Até layouts novos e experimentais funcionam bem com essas tipografias, assim como os compositores modernos podem realizar a maioria de seus trabalhos com uma orquestra clássica.

Tipos de matrizes múltiplas, todavia, levam essa comparação a um passo mais adiante e, essencialmente, redefinem o modo que usamos a tipografia. Versões e pesos preestabelecidos não são mais uma limitação, mas são tipografias com opções quase ilimitadas numa mesma estrutura.

Estes tipos são chamados de Multiple Masters (MM) porque dois ou mais conjuntos de designs mestres são integrados em cada tipografia. Esses designs mestres determinam aquilo que é conhecido por faixa dinâmica de cada eixo de design. As variações intermediárias da fonte são geradas por interpolações entre esses designs mestres. Por exemplo, um design mestre Light e outro Black delineiam a faixa de possíveis variações da fonte ao longo do eixo de pesos; pode-se selecionar qualquer peso dentro dessa faixa e, então, "criar" a variação da fonte que você escolher.

Uma tipografia Multiple Master pode ter vários eixos de design, abrangendo pesos, larguras, estilos e tamanhos ópticos (veja nas próximas páginas). Myriad, a primeira fonte MM possui eixos de peso e largura; desse modo, pode ser interpolada entre condensada e estendida, assim como entre o light e o black. A faixa dinâmica, consequentemente, se estende (sem trocadilhos) do Light Condensed ao Black Semi Extended.

Verifique as composições nas páginas 140 e 141 com aplicações da tecnologia Multiple Master.

Uma matriz múltipla simples. Os quatro cantos (em verde) representam os designs mestres.

Ergonomia pode ser definida como o estudo da interação dinâmica entre pessoas e seu meio ambiente, ou como a ciência que busca adaptar as condições de trabalho para melhor se ajustarem ao trabalhador. Pessoas sofrem em cadeiras muito baixas, mesas muito altas, luzes muito sombrias ou se a tela de seu computador tem muito pouco contraste ou se emite muita radiação.

Crianças poderiam contar histórias sobre se sentar em mesas para adultos, empunhaduras de garfos extremamente grandes para elas e ter que beber em copos que sequer podem segurar com suas pequenas mãos.

Isto é semelhante ao que tem ocorrido com muitas tipografias desde a introdução do pantógrafo, no final dos anos 1800; a prática tornou-se ainda mais predominante com o advento da fotocomposição, em meados de 1960. Um único tamanho tinha que se ajustar a todos. Um design mestre era usado para gerar tudo, desde tipos muito pequenos a tipos de tamanho de títulos e além. O eixo de tamanhos ópticos *Multiple Master* torna possível o surgimento de variações nos detalhes de design que permitem à tipografia ser otimizada para uma melhor legibilidade em diferentes tamanhos.

Ergonomia tipográfica, afinal.

Quando os tipos eram feitos de metal (veja p. 55), cada tamanho tinha que ser desenhado diferentemente e esculpido em separado. O gravador sabia, por experiência, o que tinha que ser feito para fazer cada tamanho ficar bem legível. Nos tipos muito pequenos, as linhas mais finas eram feitas um pouco mais grossas para que ficassem não apenas mais fáceis de ler, mas também capazes de suportar a alta pressão do processo de impressão e, assim, não quebrarem.

Quando um design mestre é usado para se ajustar a todos os tamanhos, como na fotocomposição e no sistema digital, essas sutilezas são perdidas, resultando em concessões que frequentemente dão ao design de tipos um nome ruim. Isso se revela uma verdade nas recriações de tipos clássicos: como foram originalmente projetados, os tipos permitem apenas uma limitada gama de tamanhos aceitáveis em termos de legibilidade e estética.

A Minion Multiple Master tem um eixo para tamanho óptico que possibilita gerar fontes que são ajustadas opticamente para usos em corpos específicos: os tamanhos para texto são claros e fáceis de ler e os tamanhos para título são refinados e elegantes.

Minion MM, projetada em 1991, por Robert Slimbach, foi inspirada nas tipografias old style, do final da Renascença. Você pode formar sua própria opinião sobre esse tipo e sua itálica, assim como seu conjunto de caracteres especiais (expert set) ao observar o texto principal deste livro.

Compare as diferenças entre a forma das letras e o peso geral das letras acima. O design de 6 pontos possui hastes e serifas mais pesadas, caracteres mais largos e uma altura-x maior.

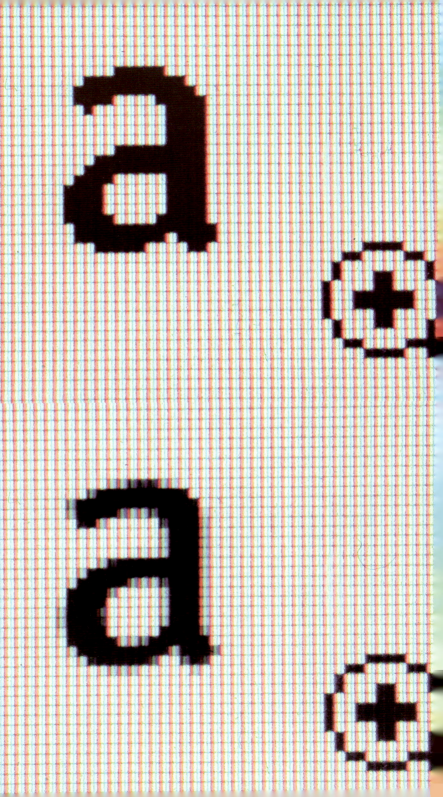

Quando este livro foi publicado pela primeira vez, as telas de computador pareciam e funcionavam como as TVs. Telas planas eram objetos de desejo, apesar de serem inalcançáveis e caras demais. Hoje, monitores CRTs parecem praticamente ridículos. Telas planas de LCD oferecem não apenas maior resolução, como também sua tecnologia permitiu aos engenheiros alcançarem efeitos que tornam os bitmaps mais aceitáveis aos nossos olhos. A Adobe desenvolveu o *CoolType*, que utiliza cores *anti-aliasing*. Nos monitores antigos, apenas os pixels como um todo podiam ser manipulados, mas em telas digitais LCD, o *CoolType* controla os subpixels menores de vermelho, azul e verde, ajustando suas intensidades individualmente. Isso efetivamente triplica o grid horizontal e consegue suavizar as bordas dos caracteres com mais precisão. Uma tecnologia similar da Microsoft é o chamado *ClearType*. Ainda levar mais algumas gerações de engenheiros e programadores para alcançar-mos a qualidade tipográfica que nossos olhos estão acostumados há mais de 500 anos.

Nossas experiências com a impressão moldam nossas expectativas para outras mídias. Para fazer os tipos ficarem aceitáveis na tela, segundo nossas exigências físicas e culturais, designers têm que recorrer à ajuda de engenheiros e programadores. Eles ajustam bitmaps complicados em grids exatos, então instruem os pixels para aparecerem apenas em certas posições e, finalmente, adicionam pixels cinzas às bordas dos contornos serrilhados para que vejamos curvas suaves onde há apenas pixels grosseiros. Superar as deficiências inerentes da mídia digital exige certo esforço.

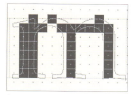

É isto o que acontece quando os pixels tentam preencher contornos – algumas hastes são mais largas que outras e detalhes, como as serifas, desaparecem.

 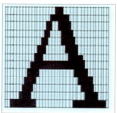

Nossos olhos podem detectar detalhes minuciosos que sequer podem ser medidos. Mas a ciência se tornou muito eficiente em explorar algumas fraquezas de nossa percepção. Três cores são suficientes para pintar todas as cores possíveis e tons de vermelho, verde e azul nos fazem ver curvas suaves.

Tons de cinza fazem curvas e diagonais parecerem mais suaves; este exemplo foi ampliado de um pequeno bitmap.

Hinting – A tecnologia que instrui os bitmaps para aparecerem apenas em posições regulares e predeterminadas – resolve o problema de formas de letras irregulares e espaços aleatórios.

FREDERIC GOUDY

Qualquer um que espaceja letras minúsculas também deve "roubar ovelhas".

Frederic Goudy (1865–1947), designer tipográfico e tipógrafo norte-americano, não desenhou sua primeira tipografia antes dos 45 anos. É reconhecido por designs de tipos ecléticos e profundamente inovadores, assim como por sua franqueza em declarações sobre assuntos tipográficos.

N.T.: *Steal sheeps ou "roubar ovelhas", na verdade, possui uma conotação pouco polida relativa a abuso sexual. No contexto da célebre frase, Goudy considerava o ato de espacejar letras minúsculas um pecado capital, inadmissível para um profissional das artes gráficas.*

CAPÍTULO 7

Como funcionam

As letras foram originalmente inventadas não para auxiliar na comunicação da alta cultura, mas para coisas mundanas como quantias de bens negociados ou seus valores em escambos ou moedas. Aquilo que começou como signos individuais, representando coisas reais, desenvolveu-se em letras e alfabetos.

Diferentes culturas contribuíram para a variedade tipográfica. Por exemplo, o som da vogal mais comum nas línguas antigas era também a primeira letra de seus alfabetos. Os fenícios (aprox. 1000 a.C.) a chamavam de *aleph*; os gregos (aprox. 500 a.C.), de *alpha*; os romanos (aprox. 50 a.C.), *ah*. Os fenícios tinham 22 letras em seu alfabeto; os gregos acrescentaram as vogais e os romanos desenvolveram as letras que usamos ainda hoje. Naqueles tempos, as pessoas escreviam tanto da direita para a esquerda, esquerda para direita, como de cima para baixo.

> Uma área de reflorestamento está para uma floresta assim como uma fonte monoespaçada está para a tipografia de verdade.

Com tal diversidade histórica, não é de se admirar que nosso alfabeto aparente tanto desequilíbrio. Qualquer um que inventasse um novo alfabeto hoje, indubitavelmente seria mais prático e faria as letras mais regulares. Haveria mais diferenças evidentes entre as formas e nenhuma letra tão estreita como o *l* coexistiria ao lado de letras largas como um *m*.

Uma consequência de nossas letras possuírem tal complexidade formal, ainda que delicadas, é que temos que respeitar seus espaços. Cada uma delas necessita de espaço suficiente de ambos os lados para evitar conflitos com seus vizinhos. Quanto menor o tipo, mais espaço é necessário em seus lados. Apenas os títulos grandes e robustos podem ocasionalmente suportar um espaçamento muito fechado entre as letras.

A história da tipografia é a história dos limites técnicos. As máquinas de escrever nos deram as fontes monoespaçadas. Cada letra tinha o mesmo espaçamento lateral, a despeito de sua forma. Desenvolvimentos posteriores trouxeram às máquinas fontes com formas mais regulares; isso necessariamente não aumentou a legibilidade, mas esses novos alfabetos não tinham mais vãos entre os caracteres. Eles também parecem bem legíveis no computador, que não se importam muito com a tradição.

Assim que as máquinas de escrever incorporaram pequenos computadores dentro delas, tornaram-se capazes de compor textos justificados (linhas com o mesmo comprimento), um estilo que foi, e é, basicamente desnecessário em comunicados de um escritório. Mas as pessoas aprenderam da leitura de jornais, revistas e livros, que essa é a maneira como textos devem ser compostos.

A tecnologia atual nos permite usar a maioria dos alfabetos já criados e, até mesmo, incrementar seu aspecto, definição e combinação. Fontes espacejadas proporcionalmente são mais fáceis de ler, ocupam menos espaço, permitem uma maior expressão e são mais legais de se ver. Há apenas duas razões para ainda continuarmos a usar as fontes monoespaçadas: imitar os velhos tempos, com seu aspecto mecânico, e escrever textos comuns em emails (veja p. 169).

Himdgloves

Himdgloves

Em tipografias para máquinas de escrever, monoespaçadas, cada letra ocupa o mesmo espaço lateral: o *i* é esticado no seu bloco, enquanto o *m* sofre de claustrofobia. As medidas mais comuns são 12 caracteres para uma polegada (elite) ou 10 por polegada (paica).

Olhando a natureza, imaginamos que Deus poderia ter criado florestas mais práticas do que as que conhecemos: são difíceis para caminhar, cheias de tipos diferentes de árvores em vários estágios de crescimento e não há luz suficiente. Por sorte, nós humanos também fazemos parte deste maravilhoso, senão totalmente perfeito, sistema chamado natureza; gostamos daquele aspecto "humano" (menos perfeito), mas também gostamos das coisas moldadas por um planejamento superior, mesmo que sejam indecifráveis. Sabemos quando as coisas estão "certas" sem nunca tê-las medido.

Infelizmente, há tempos que começamos a melhorar a criação. Não entraremos na discussão de invenções como o poder nuclear ou comida para cães de baixa gordura, mas certamente uma área de reflorestamento é um bom exemplo de como a natureza deveria ser para algumas pessoas. Se aplicássemos a mesma lógica para a tipografia, não teríamos nenhum design incomum ou excêntrico em que cada letra tem uma forma diferente e seu próprio espaçamento individual. Então, haveria apenas fontes regularizadas com formas geometricamente bem definidas. Quão mundana seria nossa vida tipográfica!

Às vezes, surgem espaços indesejáveis entre e ao redor de combinações específicas de letras. Letras problemáticas evidentes são V, W e Y, tanto nas maiúsculas como nas minúsculas. Outros espaçamentos ruins aparecem entre algarismos e pontos finais e vírgulas, particularmente depois do 7. (Exatamente assim.)

Quando você examina a relação entre dois ou mais caracteres em uma palavra, percebe como isso pode ser complicado, não muito diferente de outras relações. Uma das palavras pronunciadas com maior frequência no trabalho tipográfico surge nesse ponto: *kerning*. Para se livrar desses buracos, simplesmente remove-se ou, talvez, acrescenta-se espaço entre o par de letras conflitantes. Um certo número dessas combinações problemáticas é ajustado pelo próprio designer do tipo; tais combinações são conhecidas como "pares de *kerning*" e estão incluídas no programa da fonte.

O *tracking* controla o espaçamento entre as letras de modo geral; isso significa que uma quantidade igual de espaço é acrescentada entre cada letra de um texto. É aqui que a máxima do Sr. Goudy nos alerta para o perigo iminente: ao aumentar o espaço entre letras, compromete-se a compreensão de palavras isoladas e, consequentemente, o pensamento contido no texto.

To Tr Ve Wo
ANTES DO KERNING

r. y, 7. w -
ANTES DO KERNING

To Tr Ve Wo
DEPOIS DO KERNING

r. y, 7. w-
DEPOIS DO KERNING

Combinações de caracteres com inconsistências de espaçamento são remediadas pelo *kerning*.

Letras, como as árvores, raramente aparecem por si próprias. Assim que um punhado de letras é agrupado, elas brigam por espaço, pelo direito de serem reconhecidas, para serem lidas. Se você plantar árvores muito próximas umas das outras, elas lutarão por luz e por espaço para que suas raízes se expandam; as mais fracas não crescerão e provavelmente morrerão.

Antes disso se tornar um conto de Darwinismo tipográfico, vamos observar as consequências práticas que cabem a este livro e a seu assunto. Se perceber que seu texto ficará razoavelmente longo e que demandará algum tempo de leitura, você deve ajustar o layout adequadamente. As linhas devem ser longas o suficiente para conter um pensamento completo e deve haver espaço o bastante entre elas para que o leitor possa terminar a leitura de uma linha antes que seus olhos se distraiam com a seguinte.

Maratonistas sabem que tem mais de quarenta quilômetros pela frente, portanto seria tolice largarem feitos loucos. Também não há necessidade de correr em pistas estreitas, já que na hora em que todos se ajustarem à corrida haverá muito espaço, com os corredores da ponta a quilômetros à frente dos últimos. Com milhares de atletas numa corrida, indivíduos serão misturados à multidão, mas ainda assim, devem dar o seu melhor.

Textos longos precisam ser lidos do mesmo modo que uma maratona é corrida. Tudo deve ser confortável – uma vez que você achar seu ritmo, nada deve atrapalhar. Se tiver um texto que vá requerer uma leitura à distância, faça o design de forma que o leitor tenha a oportunidade de fixar-se ao texto. O ritmo depende das contingências do espaçamento abaixo.

As letras precisam estar afastadas o bastante para ficarem distintas umas das outras, mas não demasiadamente, a ponto de ficarem separadas individualmente, como signos desconectados. Sr. Goudy sabia o que estava falando.

O espaço entre palavras deve ser dimensionado para que o leitor possa ver palavras individuais, mas que permita seu agrupamento para uma rápida compreensão.

O espaço entre linhas deve ser generoso o suficiente para evitar que o olho escorregue para a próxima linha antes que termine, reunindo a informação na linha corrente.

O texto abaixo foi composto para uma confortável leitura de longo curso.

Se o tempo é a mais preciosa dentre as coisas, a perda de tempo seria o maior desperdício; o tempo perdido nunca recuperado e o que julgamos ser tempo suficiente, sempre se mostra curto demais. Então façamos, e não em vão; determinados faremos mais e melhor, com menos indecisão. A indolência dificulta todas as coisas, mas o esforço torna tudo mais fácil. Aquele que tarda a despertar, apressa-se durante o dia todo e, quando mal começa seu trabalho, é surpreendido pela noite; enquanto a preguiça caminha vagarosamente, a pobreza rapidamente o alcança. A preguiça, assim como a ferrugem, corrói mais rápido que o

131

O que as pessoas faziam antes de existir o *replay* instantâneo? Nos dias de hoje, a corrida de 100 metros acaba em menos de dez segundos e os espectadores não conseguem ver cada um dos seis ou mais competidores no momento em que estão cruzando a linha de chegada.

Isso nos traz à mente a experiência de folhear uma revista, com todos aqueles anúncios pulando em seus olhos numa fração de segundos? Isso é a tipografia em sua forma mais intensa. Se quiser causar impacto em um anúncio você não pode esperar que o leitor se acomode, pois não há espaço para espalhar a mensagem diante de seus olhos. O corredor tem que atirar-se à frente, mantendo-se numa linha estreita. Em textos de curta distância, as linhas devem ser curtas e compactas, ou os olhos do leitor serão atraídos para a próxima linha antes de alcançar o final da anterior.

Compor textos em linhas curtas para uma leitura rápida requer também o reajuste de todos os outros parâmetros. O espaçamento geral (tracking) pode ser mais apertado e o espaçamento entre as palavras e entre as linhas, menor.

A escolha da tipografia, obviamente, é outra consideração. Um tipo que o convida a ler textos longos |deve ser imperceptível e sem exageros, confirmando nossos preconceitos adquiridos sobre o que é legível. Uma rápida olhada num pequeno bloco de texto pode ser auxiliada por um tipo que possua um pouco de verve. Este não deveria ser como uma fonte elaborada para títulos, usada em rótulos ou cartazes, mas também não precisa ser tão modesto.

Se o tempo é a mais preciosa dentre todas as coisas, a perda de tempo seria o maior desperdício; o tempo perdido nunca é recuperado e o que julgamos ser tempo suficiente, sempre se mostra curto demais. Então ajamos, e não em vão; determinados faremos mais e melhor, com menos izndecisão. A indolência dificulta todas as coisas, mas o esforço torna tudo mais fácil. Aquele que tarda a despertar, apressa-se durante o dia todo e,

quando mal começa seu trabalho, é surpreendido pela noite; enquanto a preguiça caminha vagarosamente, a pobreza rapidamente o alcança. A preguiça, assim como a ferrugem, corrói mais rápido que o uso, que mantém a chave sempre brilhante. Não desperdices o tempo, pois é dele que a vida é feita; quanto tempo gastamos ao dormir além do necessário, esquecendo-nos de que a raposa adormecida não apanha a galinha e que haverá tempo de

O texto acima foi ajustado para uma leitura rápida. Compare com o texto de curso longo da página anterior.

Embora dirigir em uma autoestrada não seja tão exaustivo quanto correr uma maratona (principalmente porque você pode ficar sentado em seu carro), ambos requerem uma percepção similar. Quanto mais longa for a viagem, mais tranquilo deve ser seu estilo de dirigir. Sabendo que você estará na estrada por muito tempo, é bom não se estressar demais, então se recline confortavelmente, mantenha uma boa distância do carro à sua frente e curta a viagem.

Leituras longas também pedem uma atitude relaxante. Não há nada pior que termos que nos acostumar com novos parâmetros de composição a cada nova linha: faça uma comparação com o efeito irritante de um certo motorista que repentinamente surge à sua frente, depois de cortar sua pista para ganhar uns vinte metros. As palavras devem se manter a uma distancia segura e regular entre si, para que você possa compreender a palavra seguinte e assim sucessivamente.

A coisa mais traiçoeira sobre espaçamento é que geralmente é invisível e, portanto, facilmente ignorável. À noite, você apenas enxerga até onde os faróis de seu carro podem iluminar. Você determina sua velocidade pelo tamanho do campo visual à sua frente.

Costuma ser uma regra prática para a composição de títulos deixar um espaço entre palavras equivalente à largura de um *i*. Para uma leitura mais confortável com linhas mais longas, o espaço entre palavras deve ser bem mais largo.

Os ajustes padrão da maioria dos softwares variam esses valores, mas o espaçamento de 100% entre palavras normais parece ser apropriado para linhas de ao menos dez palavras (ou pouco mais de 50 caracteres). Linhas de texto mais curtas sempre requerem espaçamentos mais apertados entre as palavras (mais a respeito disso na próxima página).

O caminho para riqueza

Se o tempo é a mais preciosa dentre todas as coisas, a perda de tempo seria o maior desperdício; o tempo perdido nunca é encontrado novamente recuperado e o que julgamos ser tempo suficiente, sempre se mostra curto demais. Então ajamos, e não em vão; determinados faremos mais e melhor, com menos indecisão

Se o tempo é a mais preciosa dentre todas as coisas, a perda de tempo seria o maior desperdício; o tempo perdido nunca é encontrado novamente recuperado e o que julgamos ser tempo suficiente, sempre se mostra curto demais. Então ajamos, e não em vão; determinados faremos mais e melhor, com menos indecisão

Um *i* minúsculo determina um bom espaço entre palavras para títulos. Já as linhas curtas devem ter esse espaço mais moderado.

135

Você já deve ter notado que as pistas em uma autoestrada são mais largas do que as das ruas da cidade, mesmo que nestas trafeguem carros do mesmo tamanho. Isso se deve ao fato de que, ao viajar em alta velocidade, qualquer movimento do volante pode causar um desvio muito maior da pista em que você deveria estar dirigindo, ameaçando, assim, outros motoristas.

Transpondo isso em termos tipográficos, o espaçamento entre linhas, e não o entre palavras – são as pistas onde as palavras "trafegam". Os detalhes e refinamentos tipográficos se relacionam com todo o resto; se aumentar seu espaçamento entre palavras, também terá que reservar mais espaço entre as linhas.

Uma regra a ser lembrada sobre espaçamento entre linhas é que este precisa ser maior que o espaçamento entre palavras, caso contrário seus olhos serão induzidos a saltar de uma palavra da primeira linha diretamente para outra na linha de baixo. Quando o espaço entre linhas está correto, seus olhos viajarão por toda a linha de texto antes de seguir para a próxima.

O restante é bem simples: quanto mais palavras por linha, mais espaço entre as linhas é necessário. Então você poderá aumentar o espaço entre as letras *muito sutilmente* (isto é, aplicar o tracking) à medida que as linhas fiquem mais longas.

Se o tempo é a mais preciosa dentre todas as coisas, a perda de tempo seria o maior desperdício; o tempo perdido nunca recuperado e o que julgamos ser tempo suficiente, sempre se mostra curto demais. Então ajamos e, não em vão; determinados faremos mais e melhor, com menos indecisão. A indolência dificulta todas as coisas, mas o esforço torna tudo mais fácil. Aquele que tarda a despertar, apressa-se durante o dia todo e, quando mal começa seu trabalho, é surpreendido pela noite; enquanto a preguiça caminha vagarosamente, a pobreza rapidamente o alcança. A preguiça, assim como a ferrugem, corrói mais rápido que o uso, que mantém a chave sempre brilhante. Não desperdices o tempo, pois é dele que a vida é feita; quanto tempo gastamos ao dormir além do necessário, esquecendo-nos de que a raposa adormecida não apanha a galinha e que haverá tempo de sobra para dormirmos na sepultura. Então, o que significa desejar e esperar por tempos melhores? Podemos fazer este tempo melhor se fizermos por merecê-lo. Atitude não depende do querer e quem vive de esperanças morre em jejum. Sem trabalho duro não há proveito e aquele que possui um negócio tem um patrimônio e aquele

O milagre dos computadores possibilitou ajustes no espaçamento entre linhas em incrementos muito pequenos. Neste exemplo, nenhum dos

outros parâmetros foram alterados – o *tracking* e o entre palavras permaneceram os mesmos, mas o espaçamento entre linhas aumentou.

Note como as linhas mais espaçadas clamam por um tracking mais folgado e espaçamento entre palavras mais aberto.

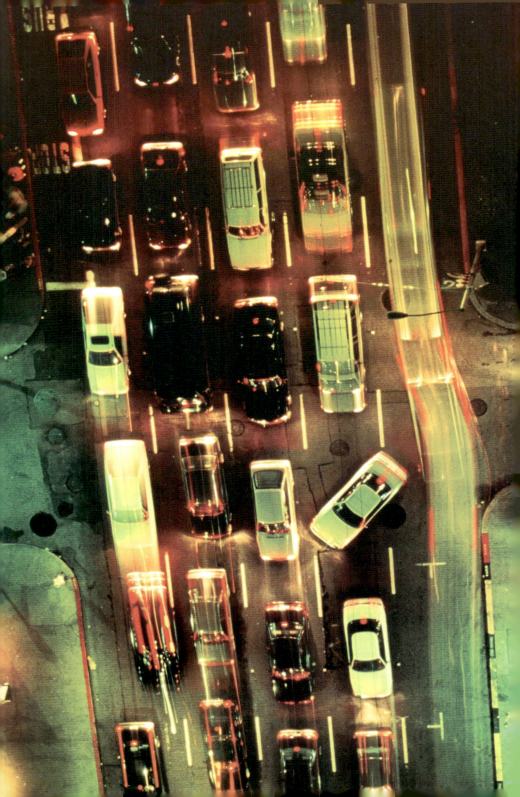

137

Tanto na tipografia como no ato de dirigir, o objetivo é ir rápida e seguramente do ponto a ao b. O que é seguro a 100 quilômetros por hora numa estrada reta, com quatro pistas, em um dia ensolarado, seria um suicídio em tráfego urbano. Você precisa ajustar seu modo de dirigir às condições da pista do mesmo modo que precisa ajustar os parâmetros tipográficos às condições da página e ao propósito da mensagem.

Se estiver dirigindo contemplando a paisagem, ou preso num congestionamento, ou indo vagarosamente de um semáforo a outro, você tem que ter consciência dos motoristas ao seu redor. Se eles mudam suas atitudes, você precisa reagir. Quando aprender as regras e tiver um pouco de prática, nada vai aborrecê-lo, nem no trânsito e tampouco na tipografia.

Uma das melhores formas de manter a atenção do leitor ao conteúdo da sua mensagem é manter a consistência da cor do texto impresso. Nisso, os jornais fazem um trabalho ruim. Eles concordam que os tipos, mesmo em colunas estreitas, devem estar justificados. O resultado disso são letras, palavras e linhas erroneamente espacejadas. Os leitores se acostumaram a esse estilo (ou melhor, à falta dele); linhas de tipos muito frouxas ou apertadas, uma após a outra, parecem não chatear ninguém.

Em outras situações, entretanto, linhas que parecem um pouco mais claras e depois mais escuras, porque ninguém ajustou os espaçamentos, podem fazer os leitores pensar que existe algum propósito por trás disso: as linhas mais espaçadas são mais importantes do que as mais apertadas?

Novamente, e não há garantias que seja a última vez, sempre que você alterar os parâmetros de espaçamentos, terá que observar cuidadosamente todos os outros e ajustá-los apropriadamente.

Se o tempo é a mais preciosa dentre todas as coisas, a perda de tempo seria o maior desperdício; o tempo perdido nunca é recuperado e o que julgamos ser tempo suficiente, sempre se mostra curto demais. Então ajamos, e não em vão; determinados faremos mais e melhor,

Se o tempo é a mais preciosa dentre todas as coisas, a perda de tempo seria o maior desperdício; o tempo perdido nunca é recuperado e o que julgamos ser tempo suficiente, sempre se mostra curto demais. Então ajamos, e não em vão; determinados faremos mais e melhor, com menos indecisão

Se o tempo é a mais preciosa dentre todas as coisas, a perda de tempo seria o maior desperdício; o tempo perdido nunca é recuperado e o que julgamos ser tempo suficiente, sempre se mostra curto demais. Então ajamos, e não em vão; determinados faremos mais e melhor, com menos indecisão. A indolência dificulta

Linhas mais longas necessitam de espaços mais amplos: nestes exemplos, entrelinhas, tracking e espaçamento entre palavras foram todos aumentados na medida em que as linhas ficaram mais extensas.

Há situações, e garanto que esta é a última imagem de carros, nas quais as regras normais não se aplicam. Espaços se tornam de fato uma mercadoria rara quando milhares de pessoas estão tentando chegar ao mesmo lugar ao mesmo tempo. Algumas páginas são exatamente como um congestionamento no centro da cidade: muitas mensagens, muitos rumos e muitíssimo barulho.

Entretanto, há uma coisa que a tipografia pode fazer que o planejamento da cidade não pode: podemos fazer todos os nossos veículos de diferentes tamanhos, movê-los para cima e para baixo, sobrepô-los, colocá-los no plano de fundo ou virá-los de lado. Uma página como esta parece bem melhor do que nossos típicos engarrafamentos urbanos.

Se o tempo é a mais preciosa dentre todas as coisas, a perda de tempo seria o maior desperdício; o tempo perdido nunca é recuperado e o que julgamos ser tempo suficiente, sempre se mostra curto demais. Então ajamos, e não em vão; determinados faremos mais e melhor, com menos indecisão. A indolência dificulta todas as coisas, mas o esforço torna tudo mais fácil. Aquele que tarda a despertar, apressa-se durante o dia todo e, quando mal começa seu trabalho, é surpreendido pela noite; enquanto a preguiça caminha vagarosamente, a pobreza rapidamente o alcança. A preguiça, assim como a ferrugem, corrói

Este texto está composto nas mesmas especificações do segundo exemplo da p. 141, está apenas em negativo.

Se o tempo é a mais preciosa dentre todas as coisas, a perda de tempo seria o maior desperdício; o tempo perdido nunca é recuperado e o que julgamos ser tempo suficiente, sempre se mostra curto demais. Então ajamos, e não em vão; determinados faremos mais e melhor, com menos indecisão. A indolência dificulta todas as coisas, mas o esforço torna tudo mais fácil. Aquele que tarda a despertar, apressa-se durante o dia todo e, quando mal começa seu trabalho, é surpreendido pela noite; enquanto a preguiça caminha vagarosamente, a pobreza rapidamente o alcança. A preguiça, assim como a ferrugem,

Em composições invertidas, (ou em negativo), os espaços entre as letras parecem menores, porque são negros.

Se o tempo é a mais preciosa dentre todas as coisas, a perda de tempo seria o maior desperdício; o tempo perdido nunca é recuperado e o que julgamos ser tempo suficiente, sempre se mostra curto demais. Então ajamos, e não em vão; determinados faremos mais e melhor, com menos indecisão. A indolência dificulta todas as coisas, mas o esforço torna tudo mais fácil. Aquele que tarda a despertar, apressa-se durante o dia todo e, quando mal começa seu trabalho, é surpreendido pela noite; enquanto a preguiça caminha vagarosamente, a pobreza rapidamente o alcança. A preguiça, assim

Tipos brancos parecem mais pesados que tipos em preto (cores escuras recuam, cores claras aproximam), então criamos um exemplar da Minion Multiple Master com peso mais leve.

Se o tempo é a mais preciosa dentre todas as coisas, a perda de tempo seria o maior desperdício; o tempo perdido nunca é recuperado e o que julgamos ser tempo suficiente, sempre se mostra curto demais. Então ajamos, e não em vão; determinados faremos mais e melhor, com menos indecisão. A indolência dificulta todas as coisas, mas o esforço torna tudo mais fácil. Aquele que tarda a despertar, apressa-se durante o dia todo e, quando mal começa seu trabalho, é surpreendido pela noite; enquanto a preguiça caminha vagarosamente, a pobreza rapidamente o alcança. A preguiça, assim como a ferrugem, corrói mais rápido que o uso,

Com certa frequência, o problema não está no tipo branco parecer pesado demais, mas na tinta da impressão que invade os espaços brancos ao redor das letras. Escolhemos um tamanho óptico menor da Minion MM para torná-las um pouco mais robusta.

1

Se o tempo é a mais preciosa dentre todas as coisas, a perda de tempo seria o maior desperdício; o tempo perdido nunca é recuperado e o que julgamos ser tempo suficiente, sempre se mostra curto demais. Então ajamos, e não em vão; determinados faremos mais e melhor, com menos indecisão. A indolência dificulta todas as coisas, mas o esforço torna tudo mais fácil. Aquele que tarda a despertar, apressa-se durante o dia todo e, quando mal começa seu trabalho, é surpreendido pela noite; enquanto a preguiça caminha vagarosamente, a pobreza rapidamente o alcança. A preguiça, assim como a ferrugem, corrói mais rápido que o uso, que

Lembre-se: quanto mais letras uma linha tiver, mais espaço entre palavras e entrelinhas será necessário.

2

Se o tempo é a mais preciosa dentre todas as coisas, a perda de tempo seria o maior desperdício; o tempo perdido nunca é recuperado e o que julgamos ser tempo suficiente, sempre se mostra curto demais. Então ajamos, e não em vão; determinados faremos mais e melhor, com menos indecisão. A indolência dificulta todas as coisas, mas o esforço torna tudo mais fácil. Aquele que tarda a despertar, apressa-se durante o dia todo e, quando mal começa seu trabalho, é surpreendido pela noite; enquanto a preguiça caminha vagarosamente, a pobreza rapidamente o alcança. A preguiça, assim como a ferrugem, corrói mais rápido que o uso, que mantém a chave sempre brilhante.

Para uma comparação entre várias composições, as escalas verticais e horizontais estão divididas em unidades de milímetros.

3

Se o tempo é a mais preciosa dentre todas as coisas, a perda de tempo seria o maior desperdício; o tempo perdido nunca é recuperado e o que julgamos ser tempo suficiente, sempre se mostra curto demais. Então ajamos, e não em vão; determinados faremos mais e melhor, com menos indecisão. A indolência dificulta todas as coisas, mas o esforço torna tudo mais fácil. Aquele que tarda a despertar, apressa-se durante o dia todo e, quando mal começa seu trabalho, é surpreendido pela noite; enquanto a preguiça caminha vagarosamente, a pobreza rapidamente o alcança. A preguiça, assim como a ferrugem, corrói mais rápido que o uso, que

4

Se o tempo é a mais preciosa dentre todas as coisas, a perda de tempo seria o maior desperdício; o tempo perdido nunca é recuperado e o que julgamos ser tempo suficiente, sempre se mostra curto demais. Então ajamos, e não em vão; determinados faremos mais e melhor, com menos indecisão. A indolência dificulta todas as coisas, mas o esforço torna tudo mais fácil. Aquele que tarda a despertar, apressa-se durante o dia todo e, quando mal começa seu trabalho, é surpreendido pela noite; enquanto a preguiça caminha vagarosamente, a pobreza rapidamente o alcança. A preguiça, assim como a ferrugem, corrói mais rápido que o uso, que mantém a chave sempre brilhante.

O primeiro exemplo tem aproximadamente quatropalavras (25 caracteres) por linha e está em corpo de 8 pontos com entre linhas de 9 pontos (8/9 pt); o espaçamento entre palavras é muito pequeno e o *tracking*, bastante aberto. O segundo exemplo acomoda

oito palavras (45 caracteres) por linha, composto em 8/8 pt; espaçamento entre palavras está 10% mais largo e o *tracking* é aberto. O terceiro bloco de texto está em 8/11 pt, com cerca de dez palavras (58 caracteres) por linha; o espaço entre palavras está aberto outros

10% a mais e o *tracking* está um pouco mais apertado. O quarto bloco de texto está composto em 8/12 pt e com 15 palavras (90 caracteres) por linha, quase largo demais. O espaçamento entre palavras está agora no valor padrão, com um pouco de *tracking*.

WILLIAM ADDISON DWIGGINS

A simetria é estática – o mesmo que dizer: calma; o mesmo que dizer: imperceptível.

William Addison Dwiggins (1880–1956) foi tipógrafo, designer de tipos, marionetista e escritor. O mercado americano de livros deve um tributo a Dwiggins por sua contribuição de estilo e bom design ao meio editorial, mais notadamente nos trabalhos realizados na Borzoi Books, para o editor Alfred A. Knopf. É responsável pela reintrodução da página de colofón, que informa sobre a tipografia usada no livro, além de outros detalhes. Caledonia, Metro e Electra são designs tipográficos de Dwiggins.

CAPÍTULO 8

Colocando-os para funcionar

A cama é uma peça do mobiliário que mais tem escapado das tendências do design. Os colchões mudaram assim como a tecnologia de fabricação da armação das camas, mas o modo como dormimos ainda é o mesmo e o quarto de dormir permanece basicamente com o mesmo aspecto há séculos.

Quartos e livros têm uma coisa em comum: um único propósito essencial. A leitura, como o ato de dormir, não mudou muito em centenas de anos, embora hoje tenhamos óculos para leitura, apoios para cabeça operados eletronicamente e pequenas luminárias que se prendem aos livros.

Pode-se dizer que o precursor do que consideramos livros de mesa (aqueles luxuosos, dignos de apreciação) existiram nos primórdios da impressão, mostrando pequenas ilustrações posicionadas numa estreita coluna à margem, perto do corpo do texto principal. Livros do tipo brochura, repletos de tipos mal espaçados, com margens estreitas são desastrosas inovações razoavelmente recentes. Mas o ato íntimo de ler um livro permanece basicamente inalterado, assim como o aspecto dos livros.

O grid é comum a todos os designs de livros, uma grade subjacente que divide a página em áreas que servem a diferentes propósitos – colunas de texto, comentários marginais, títulos, rodapés, legendas e ilustrações. Quanto mais complexa for a estrutura de um texto, maior as possibilidades de organização dos elementos amparados por esse grid. A leitura linear (como em um romance) costuma necessitar apenas de um layout com uma única coluna de texto contínuo, para o qual há uma infinidade de precedentes históricos bem sucedidos.

O tamanho de um livro é crucial, mas, muitas vezes, determinado por restrições tecnológicas ou de marketing. Livros para uma leitura séria devem acomodar-se em nossas mãos; é aconselhável, então, ter um formato mais estreito e com margens amplas que concedam espaço para os dedos segurarem o livro.

A largura da coluna (p. ex.: o comprimento da linha dos textos) está atrelada à largura da página, pelo tamanho do tipo e pelo número de palavras ou caracteres por linha. Uma ou mais dessas variáveis geralmente são fornecidas ou são inevitáveis, facilitando as outras decisões do design.

O tipo, para leituras mais extensas, não deve ser menor que 9 pontos e nunca maior que 14 pontos. O tamanho em pontos é uma medida razoavelmente arbitrária (veja p. 55), portanto, essas sugestões são válidas apenas para tipografias "normais" para livros – tipos com altura-de-x muito pronunciadas ou muito pequenas necessitam ser cuidadosamente avaliadas.

As disposições, ou layouts, de nossas salas de estar ainda seguem os mesmos modelos de anos atrás. Sempre há uma ou duas cadeiras confortáveis, talvez um sofá que acomode mais de uma pessoa, uma mesa, uma estante e alguma iluminação. O único complemento a esse harmonioso conjunto foi o aparelho de televisão, que controla o centro das atenções de nossas almas.

As salas de estar, ao contrário dos quartos de dormir, servem a múltiplas funções. Estando a família reunida, quando não estão todos vidrados na mesma direção assistindo TV, pode realmente brincar com jogos em uma mesa, jantar (geralmente grudadas à TV) ou mesmo procurar outros interesses, como ler ou simplesmente conversar.

Certos tipos de livros são usados da mesma forma: você pode lê-lo, folheá-lo, ver as figuras ou, até mesmo, examinar algum assunto em particular. As páginas oferecem vários níveis de acessos para os leitores, observadores e, ocasionalmente, aqueles que apenas folheiam o livro. Esses livros deverão ter aspectos diferentes daqueles consagrados volumes de leitura linear, assim como as salas de estar são diferentes dos quartos de dormir.

Alguns livros se parecem com catálogos, outros com revistas. Alguns têm uma estrutura típica de um romance, mas com ilustrações, tanto integradas ao texto como em páginas separadas. O leitor está suscetível a folhear esse tipo de livro de um modo mais fortuito, portanto, o designer precisa proporcionar vários níveis de elementos tipográficos distintos que atuem como guias através dos textos e imagens.

Se o livro tiver que ser bem maior, para acomodar imagens ou textos compostos em múltiplas colunas, muito provavelmente terá que ser apoiado em uma mesa para ser mais estudado do que simplesmente lido. Isso significa que as margens podem ser menores (não é necessário espaço para os dedos segurarem o livro) e que as imagens podem até se estender às bordas das páginas.

Enquanto os livros com apenas um nível de texto normalmente precisam de apenas uma tipografia, em um tamanho, mais sua itálica e versalete, livros mais especializados (como este) têm que criar distinção dentre os textos e outros elementos. Isso pode significar uma diferença significativa no tamanho dos tipos; ou talvez outra tipografia com um design e pesos contrastantes ou outra cor. Neste livro, empregamos alguns desses dispositivos ao mesmo tempo.

Se os conteúdos, ilustrações e o montante de texto variarem de página a página, um grid flexível se faz necessário. O usado neste livro permite várias larguras de colunas, legendas e barras laterais. Esses elementos não deveriam ser alterados aleatoriamente a cada página, mas quando realmente precisam ser adaptados a conteúdos diferentes, a estrutura subjacente do grid atua como um denominador comum.

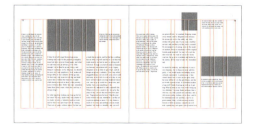

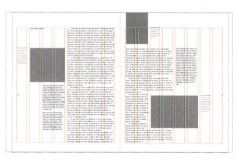

Saguões de hotéis são salas de estar institucionais. Hóspedes e visitantes vivem momentos ali, fazendo aquilo que poderiam fazer em suas casas, mas na companhia de estranhos. Os trajes devem ser mais formais, a atenção das pessoas é mais susceptível a distrações pelo que está acontecendo ao redor e o nível da agitação geral impede que se escute a música favorita. Embora ainda exista a chance de todos sentarem-se juntos e olhar fixamente a TV.

Algumas pessoas conseguem ler livros densos em locais quase públicos, como um saguão de hotel, mas a maioria emprega seu tempo ali, esperando por algo ou alguém, portanto, consegue ler apenas revistas. As páginas de uma revista são projetadas para o leitor casual: há retalhos de informações ou mexericos (ou aquela que estava vestida igual à outra), manchetes, legendas ou outro sinal gráfico apontando para várias noticiazinhas.

Como os anúncios mudam seu visual de acordo com as últimas tendências cognitivas, as páginas editoriais tendem a também parecer mais na moda ou a permanecer, deliberadamente, sóbrias, livrescas e confiáveis.

A maioria das revistas é impressa em tamanhos-padronizados; isso significa que são próximas de 216 por 297 milímetros. Uma linha de texto precisa ter ao menos o comprimento de seis palavras (entre 35 e 40 caracteres), portanto o tipo tem que medir cerca de 10 pontos para alcançar a largura da coluna de 55 a 60 mm, ou 2 1/4 a 2 3/8 polegadas. Três dessas colunas cabem na página, deixando margens aceitáveis. Desse modo, o grid de três colunas é a base para a maioria das publicações impressas em A4 = 210 x 297 mm. 8 1/2 x 11 pol = 216 X 297 mm.

Para permitir outros elementos além das colunas com o texto principal, essas medidas têm que ser divididas novamente. As legendas podem ser aplicadas com tipos menores e em linhas muito curtas para que possam caber na metade de uma coluna básica, criando, assim, um grid de seis unidades.

Uma boa maneira de fazer esses grids mais flexíveis e espontâneos é deixar uma das margens largas, que apenas ocasionalmente será preenchida com texto. Esse grid teria, então, um número ímpar de unidades, diria sete ou até treze. Quanto mais complexo for o conteúdo, mais elástico o grid deve ser, permitindo que assuntos diferentes, em tamanhos diferentes, ocupem larguras diferentes.

As cozinhas são espaços com um propósito claramente definido: estocar, preparar e, muitas vezes, consumir alimentos e bebidas. O equipamento para essas atividades se transformou consideravelmente com os anos e podemos traçar inúmeros paralelos com o desenvolvimento dos sistemas de composição tipográfica no mesmo período de tempo. A finalidade essencial permaneceu inalterada em ambos os casos, quer se trate de comida ou de tipos.

Numa cozinha há superfícies diferentes para tarefas específicas, assim como recipientes e prateleiras para comidas, utensílios, pratos, potes e panelas. Os designers gráficos e tipógrafos chamam as colunas ou caixas de imagens de recipientes, o texto é a comida, a superfície é a página e os utensílios são os parâmetros tipográficos necessários para preparar uma página interessante para o leitor, que deve digerir tudo.

Cada prato em um livro de receitas possui um texto explanatório, uma lista de ingredientes e um guia passo a passo. Às vezes, também é ilustrado com pequenas imagens ou desenhos. Esse tipo de estrutura se aplica a qualquer publicação do tipo "faça você mesmo", se for para mecânicos de carros ou para paisagistas.

As pessoas leem livros de receitas e outros manuais do gênero em condições que geralmente estão aquém das ideais. O livro de receitas tem que competir pelo espaço no tampo da mesa com a comida, facas, toalhas, tigelas e nunca há tempo o suficiente para ler tudo com cuidado. O texto tem que ser lido de pé, o que significa que o tipo deve ser maior que o normal. Cada passo da receita deve ser claramente enunciado com títulos curtos; os ingredientes e as medidas deverão estar em listas que possam ser consultadas num relance do olhar.

Um dos melhores – ou piores – exemplos de informações mal projetadas é encontrado em instruções de montagem de correntes para neve em pneus de carros. Essa operação geralmente é feita no escuro quando se está molhado, com pressa e desconfortavelmente com muito frio. As instruções são sempre impressas sobre papel branco, que, invariavelmente, fica molhado e sujo antes de você terminar o trabalho.

A solução tipográfica é imprimir na face externa da embalagem, que deve ser plastificada. A melhor combinação cromática seria tipos pretos sobre um fundo amarelo, que não mostraria a sujeira como no papel branco. Os tipos devem ser grandes e robustos para que sejam legíveis em quaisquer condições. O texto deve ser composto em sentenças curtas e palavras simples.

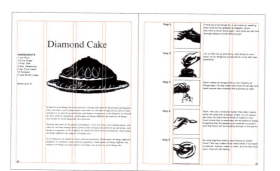

Passamos muito de nosso tempo fora de nossas casas, em lugares onde nossas prioridades são definidas por outras pessoas. Esse é o caso na maioria dos locais públicos e, infelizmente, no trabalho. Muitas pessoas ainda trabalham em condições muito parecidas com este escritório de datilografia dos anos 1940, apesar de que seria fácil melhorar o ambiente e, consequentemente, a qualidade do trabalho.

O mesmo se encaixa em muitos trabalhos tipográficos. Não há motivos para exageros em peças como listas de preços, catálogos técnicos, tabelas de horários e informações similares nem para parecerem tão feios ou complicados como geralmente ocorre. Se algo parece tedioso, repetitivo, perturbador, as pessoas se relacionarão com uma atitude negativa (se houver uma relação de fato). Isso não melhora sua disposição para absorver a informação.

Os computadores representam uma imensa melhoria sobre as máquinas de escrever mecânicas e o resultado das impressoras a laser certamente é muito melhor que qualquer coisa que já saiu de uma máquina de escrever. Criar uma boa comunicação visual, entretanto, demanda muito mais do que boas ferramentas. Assim, sempre que você se deparar com aquele visual com caráter oficial, peças complicadas de ler, não coloque a culpa no equipamento.

Informações complexas, tais como listas de preços e tabelas, não podem ser projetadas em um grid pré-preconcebido. A disposição da página tem que derivar do conteúdo e da própria estrutura das informações. Primeiramente, você deve encontrar os elementos mais curtos e mais longos e, então, ignorá-los; se seu layout acomodar os extremos você acabará fazendo concessões a umas poucas exceções isoladas. A atitude a tomar é fazer o volume da matéria se ajustar e, então, retornar às exceções e trabalhá-las uma a uma. Se houver apenas umas poucas linhas longas se opondo a uma listagem curta, seria uma boa oportunidade para exercitar os seus músculos da criatividade: faça o design ao redor delas ou reescreva.

Uma maneira segura de melhorar o aspecto e a funcionalidade de qualquer documento com informações intensas é eliminar as caixas. Linhas verticais são quase sempre desnecessárias. Os tipos criam suas próprias divisões verticais ao longo das bordas esquerdas das colunas, contanto que haja espaço suficiente entre elas. Uma linha vertical é um desperdício porque necessita de um espaço precioso de cada lado. Use o espaço para separar um elemento de outro. Utilize as linhas horizontais para acentuar as áreas da página. O limite do papel cria sua própria caixa e não precisa de mais caixas dentro dele.

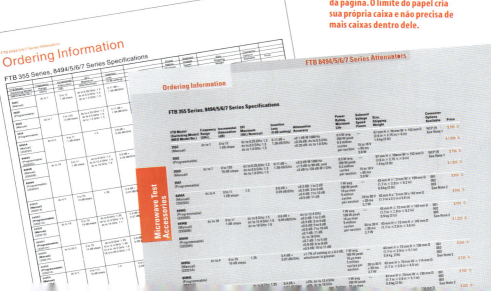

Um escritório de digitação é tão antiquado quanto usar caixas em formulários. Os trabalhadores da "informação" dos dias de hoje ainda sentam-se em uma mesa e digitam em teclados, mas é permitido que se movam livremente, falem uns com os outros, peguem uma bebida e troquem informações entre si. Mesmo os escritórios compartimentados por divisórias, que são os sucessores dos escritórios de digitação, parecem seguir essa solução. As atitudes mais liberais em nosso ambiente de trabalho tendem a se revelar em nossos gostos no design. Muitas tarefas enfadonhas, como digitar a mesma informação repetidamente, é feita por meio do comando "copiar & colar" e programas precisam apenas de uma tecla para recuperar uma informação anterior sobre os números de seu cartão de crédito ou endereço. O maior problema agora é se lembrar de suas senhas sem escrevê-las em um papel adesivo e colocá-lo na tela do computador para todos verem.

Um negócio que quer atrair bons profissionais e mantê-los motivados precisa tolerá-los um pouco. Luzes de Natal, bichinhos de plástico ou plantas artificiais são sinais de uma cultura que julga as pessoas pelo trabalho e não pela exata complacência com as regras corporativas. Empresas que projetam formulários com inúmeras caixinhas e linhas redundantes, provavelmente ainda mantêm seus funcionários em cubículos.

Páginas web parecerão bem diferentes, da tela do designer para a tela do usuário, ao menos que obedeçam a algum padrão geral e, preferivelmente, um tanto sutil. Como não se pode esperar que o típico usuário final tenha mais fontes do que aquelas já instaladas no seu sistema, o texto principal numa página web só pode usar fontes como Arial, Geneva, Verdana, Times, etc. Você pode, pelo menos, definir quais fontes o seu navegador usará para preencher os campos com suas informações pessoais. Por algumas razões bem antigas, os PCs ainda calculam 54 pontos para uma polegada, enquanto no Mac são 72 pontos. Isso significa que os tipos no PC aparentam ser aproximadamente $1/3$ maiores que na tela de um Mac com resoluções compatíveis. Os designers de web têm que usar softwares como o CSS (Cascading Style Sheets) para assegurarem que os usuários vejam o mesmo layout em seus navegadores, sem considerar a plataforma.

Se isso não ocorrer assim, ou os designers não fizeram seus trabalhos corretamente ou você tem um navegador muito antigo.

dentifier	Data	Description/Comments
First Name		
Last Name		
E-Mail address		Your E-Mail address. This must be the same as the registered Technical Contact Person in our records.
Telephone		Phone number you can be reached during working hours - If any further information is required for authentication verification. Please add full country prefix !
Fax Number		
ompany Name		
Login Name		
Password		
Password		
Identification question		

Billing Information

Please fill out the order form below. Bold fields are required in order to complete your purchase transaction. By providing this informaton, you agree that Adobe Systems Software Ireland Limited ("Adobe") or its designee may process the information for such purpose.

Please enter your billing information exactly as it appears on your credit card statement.

First Name	Last Name
erik	spiekermann

Company

Address	Address 2
motzstrasse 58	

City	Post Code
berlin	10777

Country of residence:
Germany

Email	Phone
erik@spiekermann.com	

Use of Personal Information

☐ I would like to receive information and special promotion Adobe products and services.

☐ I would like to receive information and special promotion from parties other than Adobe on their products and serv

Unless you indicate otherwise in the checkboxes above, your personal information will only be used in connection with this See our Online Privacy Policy for details on how your informat may be used by Adobe Systems.

Important Information

If you reside in the European Union, please indicate your consent the personal information you have provided may be transferred an stored in countries outside of the EU, including the United States. you fail to provide your consent, you will not be permitted to purcha the software online.

☑ **I consent**

▶ CONTINUE

GROUCHO MARX

Agora que sua mulher comprou para você um terno novo, não me importo de começar a trocar correspondências.

Groucho Marx (1895–1997) foi um dos Irmãos Marx, um dos grupos de comediantes mais engraçados da história do cinema. Em filmes como *Os Gênios da Pelota* e *O Diabo a Quatro*, Groucho está sempre fazendo trocadilhos enquanto demonstra uma notável habilidade com o olhar malicioso.

CAPÍTULO 9

Não existe tipo ruim

Dos mercadores mediterrâneos anotando em tabletes de argila, aos maçons romanos esculpindo letras na pedra, aos monges medievais empunhando penas sobre pergaminhos – o aspecto das letras foi sempre influenciado pelos instrumentos usados para escrevê-las. Há duzentos anos, a gravação em chapas de cobre alterou a aparência da tipografia, assim como o fizeram as tecnologias posteriores: o pantógrafo, as máquinas Monotype e Linotype, compositores de fotoletras, bitmaps digitais e fontes vetoriais.

A maioria dessas tecnologias não é mais viável, mas algumas tipografias que elas produziram representam hoje categorias particulares de tipos. Novamente, o melhor exemplo é a máquina de escrever. Como um equipamento para escritórios, está praticamente morta, mas o estilo de seus tipos sobrevive como um estereótipo tipográfico. Outro estilo reconhecível que resistiu a seus métodos de produção são as letras estêncil e letras construídas com esquadro e compasso.

Restrições técnicas deixam de existir quando se trata da reprodução ou recriação de tipos de qualquer período. O que antes era uma necessidade torna-se agora um estilo, da mesma forma que um jeans pré-lavado deveria fazer qualquer um parecer um cowboy que está na estrada há meses.

Os designers têm aproveitado muito o visual da baixa tecnologia. Teoricamente, quase toda a tipografia poderia ser aplicada como estêncil; basta ter algumas linhas que conectem as formas internas às externas, para que as letras não se desmontem quando recortadas no metal.

Quase que ao mesmo tempo dois designers tiveram a inteligente ideia de criar uma tipografia estêncil. Stencil, desenhada por R. Hunter Middleton, foi lançada em junho de 1937; em julho do mesmo ano, Stencil, desenhada por Gerry Powell, debutou.

Hoje, qualquer um pode potencialmente fazer uma tipografia a partir de qualquer original. Carimbos, caixas de chá, velhas máquinas de escrever e sinais enferrujados têm sido usados como inspiração e até como um trabalho original. Scanners e câmeras digitais os transpõem para o computador. Aí, então, o talento, habilidade e descobertas acidentais transformam uma ideia ideia em uma fonte de sucesso. Tal como van Rossum e Erik van Blokland, que foram os primeiros a conseguir os ingredientes certos quando agarraram qualquer coisa que se parecia com letras em seus sótãos e escanearam-nas. FF Karton, FF Confidential e FF Trixie ostentam sua herança análoga simples, ao mesmo tempo em que são fontes digitais perfeitamente funcionais.

Uma verdadeira tendência surge em Berkeley, Califórnia. Zuzana Licko, da Emigre Graphics, se inspirou nas primitivas fontes bitmaps geradas pelos primeiros computadores Macintosh. Ela desenhou seus próprios tipos com aquelas restrições. Agora que os bitmaps estão de volta por razões técnicas, aqueles primeiros desenhos mostram o quanto esse estilo ainda pode alcançar.

Há quase trinta anos alguém da International Typeface Corporation percebeu que as pessoas queriam tipos de máquinas de escrever "honestos", mas com todos os benefícios do tipo "real". Joel Kaden e Tony Stan desenharam a ITC Americam Typewriter, que responde a todas essas demandas.

. **HANDGLOVES**

Stencil

. **HANDGLOVES**

ff Karton

. HANDGLOVES

ff Confidential

. Handgloves

Emigre Ten

. Handgloves

Oakland Eight

. Handgloves

itc American Typewriter

Se uma anotação é escrita rapidamente, provavelmente as letras nas palavras estarão conectadas. Cada pausa, começo e elevação da caneta durante a escrita manual retardam o processo. Sinais em neon e fontes cursivas caminham de mãos dadas, por assim dizer.

Os tubos de neon são repletos de gás; quanto mais interrupções houver nas laçadas contínuas, mais caro fica fazer o sinal. Portanto, os fabricantes de sinalização precisam observar tipografias que conectem a maior quantidade de letras possível, ou eles têm que manipular outros tipos para se adaptar aos limites técnicos.

O estilo do sinal de neon, por sua vez, influenciou o design gráfico e alguns levaram um bom tempo pintando com aerógrafos um brilho de luz ao redor de letras curvas e tubulares. Como com outras manipulações gráficas, ficou muito mais fácil alcançar o efeito de neon com os programas de desenho e pintura disponíveis no computador.

Os fabricantes de sinalização que trabalham com neon se orgulham de sua habilidade de selecionar qualquer tipo antigo e reproduzi-los em tubos de vidro. Como a mensagem em neon é curta, o fabricante provavelmente vai tomar a palavra inteira e fazê-la numa única forma. Mesmo que a inspiração venha de estilos de tipos disponíveis, o vidro literalmente tem que ser dobrado e moldado para se ajustar ao design e aos requisitos técnicos.

Desde que a maioria dos sinais é designs originais, não houve muitos pedidos por tipografias de neon, embora algumas ^fontes com sombras vistosas e formas curvas existam em letras transfer. Alguns tipos parecem ter potencial para serem usados em sinais de neon. Possuem hastes de espessuras idênticas e nenhum ângulo reto ou curvas irregulares. Kaufmann cumpre esses requisitos e possui certa elegância dos anos 1930.

O brilho incandescente do tubo foi criado com a ajuda do Adobe Photoshop.

Handgloves

KAUFMANN

Handgloves

Handgloves

FB NEON STREAM

Handgloves

HOUSE-A-RAMA LEAGUE NIGHT

Handgloves

LAS VEGAS FABULOUS

Handgloves

FB STREAMLINE

Handgloves

FB MAGNETO

Costumamos associar certas tipografias a produtos específicos. Produtos frescos sempre parecem pedir por um tipo de mensagem improvisada e manuscrita, enquanto a alta tecnologia demanda um aspecto moderado e tecnocrático. Produtos calorosos e amigáveis respondem a um tratamento com serifas suaves, alimentos granulados são mais bem representados por uma tipografia manual e com contornos irregulares e os austeros negócios financeiros sempre lembram a época das gravações em chapas de cobre, quando a incorporação de bens era atestada em certificados impressos.

Em alguns casos isso faz todo o sentido. No mercado de hortaliças, fruta e carnes, onde os preços mudam constantemente, tempo e custos impedem que os lojistas tenham que imprimir novas tabuletas a cada dia. A solução mais comum é escrevê-las à mão; porém, se o funcionário tiver uma escrita ruim seria um desserviço aos clientes apresentar uma placa ilegível, apesar de atualizada. O lojista pode comprar uma fonte manuscrita informal ou feita a pincel e imprimir as placas em negativo, em uma impressora a laser. Elas quase aparentariam ser tão genuínas quanto as placas de lousa escritas à mão.

Em qual destas placas você confiaria?

FRESH EGGS

Flying lessons

Fresh eggs

Flying lessons

Anúncios, especialmente em jornais, sempre tentaram simular o estilo espontâneo dos pequenos lojistas e seus letristas de placas. Existiam muitas tipografias com traços a pincel disponíveis na época dos tipos de metal, ainda que o imediatismo do traço pincelado e a rigidez das letras em metal pareçam ser uma contradição. Muitas tipografias em estilo pincelado existem agora em formato digital.

Os nomes indicam suas potenciais aplicações: Brush Script e Reporter são as tipografias com traços irregulares de pincel; Mistral, o design mais espontâneo de todas elas, já foi exaltada neste livro (veja na p. 47).

Com um pouco de determinação e muita habilidade de softwares, todos nós podemos fazer fontes hoje em dia. Algumas caseiras, vendidas por distribuidores de fontes digitais independentes, se tornaram muito populares recentemente. Dentre elas estão a FF Erikrighthand, desenhada por Erik van Blokland e a FF Justlefthand de Just, van Rossum, que começaram por brincadeira.

Handgloves
BRUSH SCRIPT

Handgloves
REPORTER

Handgloves
MISTRAL

Handgloves
FF MARKER-FAT

Handgloves
FF PROVIDENCE

Handgloves
FF ERIKRIGHTHAND

Handgloves
FF JUSTLEFTHAND

FRUGAL INC. TIME MANAGEMENT, 12 LATE STREET, KRONOS CITY, PM FAX 434 5369

To: The Timesavers/B. Franklin,
Savings Dept.
Cookoo's Clock-Street 9-5
Minnesota, 34 567 89,

From: Joe X. Ample

Date: 1.2.2002

No. of Pages:

Regarding: Time Management

Dear Sirs,

Of all things we worked on lately, it appears that time was the most cost-intensive. Regarding that, we should not waste any of the company's precious resources. Fourty-five years of business experience indicate that wasted time is very hard to re-coup, as the statements at the end of the fiscal year always prove.

My proposal on this matter would be to intensify our efforts in the manufacturing field. We can not afford any delay; it would complicate the entire process. Instead, a hard-working industry would simplify many issues. Managers that arrive late in the morning will not be tolerated any longer. They hardly keep up with other, more efficient staff members.

It also shows that an inefficient and lengthy process costs more in time/money-terms than the actual manpower invested.

So what could be improved to avoid recession? We cannot make these times better if ......
to wish for better times if we work hard ...

FAX Message

Frugal INC. TIME MANAGEMENT

FRUGAL INC. TIME MANAGEMENT, 12 LATE STREET, KRONOS CITY, PM FAX 434 5369

From: Joe X. Ample

Date: 0 2 0 2 0 2

No. of Pages: 0 3
(Including this one)

To: The Timesavers/B. Frank
Savings Dept
Cookoos Clock-Street 9-5
Minnesota, 34 567 89

In Case of incomplete transmission
please call 1-800-F A X B A C K

Regarding: Time Management

Dear John,

Of all things we worked on lately, it appears that time was the most cost-intensive. Regarding what, we should not waste any of the Company's precious resources. Fourty-five years of business

Apesar do email, a carta ainda é o método mais comum para as comunicações "formais" em negócios. Papéis timbrados causam uma primeira impressão e por isso são impressos em papéis de qualidade, mais encorpados, em várias cores, às vezes usando relevo seco ou calcografia.

Então o que acontece? A carta é seguida por uma proposta, um memorando ou outra carta. Após algumas trocas, parece apropriado apenas enviar um fax. Depois que essa mensagem foi submetida ao tortuoso processo de envio e recebimento, a cor, o bom papel, os belos e legíveis tipos viram coisas do passado. Ninguém do mundo dos negócios poderia viver mais sem uma máquina de fax, mas até mesmo uma mensagem de fax deveria ser atraente e legível.

Para os faxes, opte por uma tipografia vigorosa e bem definida (aqui não cabem formas delicadas). O tipo tem que resistir aos rigores do procedimento de envio; isto significa que os tipos são escaneados, e então, impressos na modesta resolução de 200 dpi (pontos por polegada) depois de já terem sido distorcidos durante a transmissão. A maioria dos tipos com experiência na tecnologia de máquinas de escrever, Letter Gothic e Courier, por exemplo, não funciona bem no fax. Nem aqueles tipos que usamos para compor livros, tais como Caslon ou Garamond, ao menos que estejam acima de 14 pontos.

Outras coisas a evitar são linhas grossas e caixas (ficam distorcidos); tipos menores que 9 pontos; linhas pesadas para apoiar escrita (elas acabam confundindo a própria escrita que deveriam organizar); e textos no extremo inferior da página (porque fazem a máquina escanear toda a página até a base, mesmo que tenha sido escrita uma mensagem curta). Tente usar alguns símbolos para facilitar as coisas: ícones de telefone, setas para denotar "para" e "de", um pequeno espaço para o endereço |e indicadores (+) ou triângulos como marcadores (*bullets*).

MEMO

Frugal Inc. Time Management, 12 Late Street, Kronos City

The Timesavers/B.Franklin,
Savings Dept.
Cookoo's Clock-Street 9-5
Minnesota, 34567
www.thetimesavers.com

DATE: 2. 2. 2002
TIME: 1:55 p.m.
TO: The Timesavers/B.Franklin
FROM: Joe X. Ample

Dear Sirs,

Of all the things we have worked on lately, it appears that time was the most cost-intensive. Regarding that, we should not waste any of the company's precious resources. Forty-five years of business experience indicate, that wasted time is very difficult to re-coup, as the statements at the end of the fiscal year invariably prove.

My proposal on this matter would be to intensify our efforts in the manufacturing field. We cannot afford any delay; as it would complicate the entire process. Instead, a hard-working corporation would simplify many issues. Managers who arrive late in the morning will not be tolerated, hardly keep up with other, more efficient...

MEMO:

TIME: 1:55 p.m.
DATE: 2. 2. 2002
TO: The Timesavers/B.Franklin
FROM: Joe X. Ample

Dear Sirs,

Of all the things we have worked on lately, it appears that time was the most cost-intensive. Regarding that, we should not waste any of the company's precious resources. Forty-five years of business experience indicate that wasted time is very difficult to re-coup, as the statements at the end of the fiscal year invariably prove.

My proposal on this matter would be to intensify our efforts in the manufacturing field. We cannot afford any delay; as it would complicate the entire process. Instead, a hard-working corporation would simplify many issues. Managers who arrive late in the morning will not be tol- hardly keep up with other, more effici... so shows that ineff...

Frugal

Incorporated

Time Management
12 Late Street
Kronos City, MN. 345678
here@thetimesavers.com
www.thetimesavers.com

The Timesavers/B.Franklin
Cookoo's Clock-Street 9-5
Kronos City Minnesota 3456789

Memo

▻ The Timesavers/B.Franklin
◅ Joe X. Ample

Re-evaluating our progess

February 2. 2002
1:55 p.m.

Dear Sirs,

Of all the things we have worked on lately, it appears
that time was the most cost-intensive. Regarding that,
we should not waste any of the company's precious
resources. Forty-five years of business experience
indicate that wasted time is very difficult to re-coup,
as the statements at the end of the fiscal year invariably prove.
  My proposal on this matter would be to intensify
our efforts in the manufacturing field . We cannot
afford any delay; as it would complicate the entire
process. Instead, a hard-working corporation would
simplify many issues. Managers who arrive late in the
morning will not be tolerated any longer; they hardly
keep up with other, more efficient staff members.
It also shows that inefficient and lengthy processes
cost more in time/money-terms than the actual
manpower invested.
  So what could be improved to avoid recession?
We cannot make these times better if we ignore our
responsibility.

Regarding our
meeting sched
uled for next
Wednesday the
4th, please bring
your new product
for our time ana
lysts to review.

Tudo o que foi dito a respeito
do fax também se aplica aos
memorandos. Entretanto, o fato
destes não serem normalmente
submetidos ao escaneamento
e transmissão por linha telefônica, você pode usar um tipo
mais delicado. Na verdade, a
maioria dos tipos para livros,
jornais e revistas fica excelente
quando impressos em uma
boa impressora a laser,
contanto que os tipos não
sejam pequenos demais.

Você pode querer recorrer
àquela sensação de escritório
"antigo" das máquinas de
escrever e seu aspecto eficiente
e direto. Experimente qualquer
fonte com serifas robustas –
Corona, Glypha, Egyptienne F
– ou escolha uma boa e trivial
tipografia como a FF Info Office,
Bell Gothic ou ITC Officina Serif.
Se estiver procurando um visual
mais tradicional, use Proforma,
ITC Charter ou Utopia.

As regras da legibilidade também se aplicam aos memo-
randos. Assegure que as linhas
sejam razoavelmente curtas
(o ideal é de dez palavras) e
coloque uma coluna estreita
próxima à mensagem principal
para títulos e identificações.
As primeiras coisas que seu
correspondente deve ver são:
para quem se *destina*, de quem
veio, *do que* se trata e *quando*
foi escrito.

.Handgloves
CORONA

.Handgloves
GLYPHA

.Handgloves
EGYPTIENNE F

.**Handgloves**
FF INFO OFFICE BOLD

.Handgloves
BELL GOTHIC BOLD

.Handgloves
ITC OFFICINA SERIF MEDIUM

.Handgloves
PROFORMA BOOK

.Handgloves
ITC CHARTER

.Handgloves
UTOPIA

.Handgloves
FOUNDRY FORM SERIF

Bilhões de emails são enviados todos os dias, mais que cartas, faxes e memorandos todos juntos. Um email combina as vantagens de uma chamada telefônica com aquelas da comunicação escrita: é curto e imediato, mas fornece provas do que foi dito. Ou assim deveria ser. A "netiqueta", contudo, não é praticada por todos, o que significa que os emails frequentemente são mais longos que um telefonema e menos legíveis que cartas. O primeiro item a evitar é a formatação em html.

Este é um padrão para os textos na World Wide Web, mas os programas de email que não conseguem ler html provavelmente mostrarão as mensagens como textos não formatados. Isso quer dizer que o texto pode se estender até a largura da janela e ter linhas tão longas quanto 300 caracteres. Linhas legíveis deveriam ser mais curtas que 75 caracteres e muitos aplicativos para emails automaticamente quebram as linhas entorno desse número. Já as mensagens de textos simples não contêm formatação, a princípio, portanto, seguro que aquilo que o destinatário verá será idêntico ao que você está vendo. E, pelo fato de os textos simples só puderem ser compostos e lidos em linhas quebrarão da mesma forma que o original.

A segunda grande questão refere-se ao botão "reenviar" ou "responder". Qualquer frase que você destacar em seu email, automaticamente será repetida mesmo que você queira citar mais de uma sentença contígua de um email de outra pessoa, não precisa enviá-las todas de volta. Clique no botão "responder" abaixo do texto a que está se referindo e delete todos os outros textos. Ou seus correspondentes que usam o correio tradicional enviam toda sua carta respostas deles? É conveniente ter um pouco de consideração pelo destinatário de suas mensagens.

Bilhões de emails são enviados todos os dias, mais que cartas, faxes e memorandos todos juntos. Um email combina as vantagens de uma chamada telefônica com aquelas da comunicação escrita: é curto e imediato, mas fornece provas do que foi dito. Ou assim deveria ser. A "netiqueta", contudo, não é praticada por todos, o que significa que os emails frequentemente são mais longos que um telefonema e menos legíveis que cartas. O primeiro item a evitar é a formatação em html.

Este é um padrão para os textos na World Wide Web, mas os programas de email que não conseguem ler html provavelmente mostrarão as mensagens como textos não formatados. Isso quer dizer que o texto pode se estender até a largura da janela e ter linhas tão longas quanto 300 caracteres. Linhas legíveis deveriam ser mais curtas que 75 caracteres e muitos aplicativos para emails automaticamente quebram as linhas entorno desse número. Já as mensagens de textos simples não contêm formatação, a princípio, portanto, você pode ficar seguro que aquilo que o destinatário verá será idêntico ao que você está vendo. E, pelo fato de os textos simples só puderem ser compostos e lidos em fontes monoespaçadas, as linhas quebrarão da mesma forma que o original.

A segunda grande questão refere-se ao botão "reenviar" ou "responder". Qualquer frase que você destacar em seu email, automaticamente será repetida em sua resposta. Mas mesmo que você queira citar mais de uma sentença contígua de um email de outra pessoa, não precisa enviá-las todas de volta. Clique no botão "reenviar", coloque sua resposta abaixo do texto a que está se referindo e delete todos os outros textos. Ou seus correspondentes que usam o correio tradicional enviam toda sua carta original de volta com as respostas deles? É conveniente ter um pouco de consideração pelo destinatário de suas mensagens.

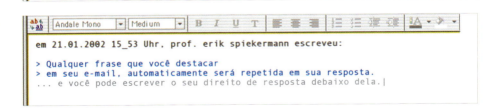

em 21.01.2002 15_53 Uhr, prof. erik spiekermann escreveu:

> Qualquer frase que você destacar
> em seu e-mail, automaticamente será repetida em sua resposta.
... e você pode escrever o seu direito de resposta debaixo dela.|

Bilhões de emails são enviados todos os dias, mais que cartas, faxes e memorandos todos juntos. Um email combina as vantagens de uma chamada telefônica com aquelas da comunicação escrita: é curto e imediato, mas fornece provas do que foi dito. Ou assim deveria ser. A "netiqueta", contudo, não é praticada por todos, o que significa que os emails frequentemente são mais longos que um telefonema e menos legíveis que cartas. O primeiro item a evitar é a formatação em HTML. Este é um padrão para os textos na World Wide Web, mas os programas de email que não conseguem ler HTML provavelmente mostrarão as mensagens como textos não formatados. Isso quer dizer que o texto pode se estender até a largura da janela e ter linhas tão longas quanto 300 caracteres. Linhas legíveis deveriam ser mais curtas que 75 caracteres e muitos aplicativos para emails automaticamente quebram as linhas entorno desse número. Já as mensagens de textos simples não contêm formatação, a princípio, portanto, você pode ficar seguro que aquilo que o destinatário verá será idêntico ao que você está vendo. E, pelo fato de os textos simples só puderem ser compostos e lidos em fontes monoespaçadas, as linhas quebrarão da mesma forma que o original.

A segunda grande questão refere-se ao botão "reenviar" ou "responder". Qualquer frase que você destacar em seu email, automaticamente será repetida em sua resposta. Mas mesmo que você queira citar mais de uma sentença contígua de um email de outra pessoa, não precisa enviá-las todas de volta. Clique no botão "reenviar", coloque sua resposta abaixo do texto a que está se referindo e delete todos os outros textos. Ou seus correspondentes que usam o correio tradicional enviam toda sua carta original de volta com as respostas deles? É conveniente ter um pouco de consideração pelo destinatário de suas mensagens.

O exemplo de cima mostra o aspecto de um e-mail com formatação em HTML. Quanto melhor for a resolução da tela, menor será o tipo. A segunda ilustração é o texto desta página composto em Andale Mono, 12 pontos, que parece ser o tamanho mínimo para evitar danos aos seus olhos. Abaixo desta, a frase a ser destacada na resposta e, em baixo, a resposta curta e suave.

Para provar um pouco das opções tipográficas, você pode escolher alguma outra fonte além da Courier – por exemplo, Andale Mono. Mesmo que o destinatário não tenha o mesmo gosto tipográfico que você, o formato que você enviar será quase exatamente o mesmo que ele verá.

À parte as considerações ao destinatário e à vaidade tipográfica, também precisamos nos preocupar com a legibilidade dos emails em nossas próprias telas.

Aos 12 pontos recomendados, as diferenças entre as fontes mono espaçadas podem ser bastante explícitas.

Handgloves12
Handgloves12

Até mesmo a boa e velha Courier existe em mais de uma versão. Confira suas fontes do sistema

Handgloves12
Handgloves12

Andale Mono e Lucida Typewriter também são gratuitas em alguns programas.

Handgloves12
Handgloves12
Handgloves12
Handgloves12
Handgloves12
Handgloves12
Handgloves12
Handgloves12

Se quiser bons incrementos nos pesos, dê uma olhada na Thesis Monospace. E nem há espaço para mostrar as correspondentes itálicas...

1223	567
3445	564
6786	877
0034	651
2481	283
3274	000
2198	436
0004	765
7834	263
1223	567
3445	564
6786	007887
3434	651200

	76876	886	342342
	56464	687	788787
	24234	003	2344

786878
766393

7236	4437	98	75986
		753247	652314
9823418	76872371	6675	
2347653	4276542	3786	
876	2389734	278652	34
786523	78	5642	387
423874	2376542	3786	5
4237983	419	875	67812
65167257	69561		
234896	234876	423	87642
3874		878	234897
509	450	971	0913
490	72		
3487	6751	765234	7654
376542	376653	4587	64876
42317863	4287	2187	
6456458	74	58764587	23874
13876		4378	
901008	9364589	80	3413
483462	34675	324	
765231	4	9823418	97
6872	37166	752347	34276

TH	1	2				
LARIES	8000	8500				1050
NGE BENEFITS AND TAXES	2300	2300				23
NT	4600	0				16
SURANCE						
AVELING	900	900	900	900	900	90
EIGHT/MAI	200	200	200	200	200	2
AIR	100	100	100	100	100	1
ASING MACH	0					
EPHONE	500					
ICE SUPPL	3000					
RNALS	100					
AL AND AC	5000					
K CHARGES	50					
TOCOPIES	0					
OMOBILES	0					
ERTISING	3000					
SULTING F	0					
ER	100					
URITY	600					
	28950					

Financial Statement
December 31, 2001

Assets		
Current Assets		
Cash	1,000	
Accounts Receivable	3,000	
Notes Receivable	1,500	
Merchandise Inventory		40,00(
Office Supplies		
Store Supplies		
Prepaid Insurance		
Total Current Assets		46,50(
Plant Assets		
Land	5,000	
Buildings		76,00(
Less Accumulated Depreciation	3,000	73,00(
Store Equipment		20,00(
Less Accumulated Depreciation	6,000	14,00(
Total Plant Assets		92,00(
Investments		50,00(
Patents		10,00(
Good Will	5,000	

News Gothic

Declaração Financeira
31 de Dezembro de 2009

Bens

Bens Atuais

Espécie	21,456		
Contas Recebíveis	33,789		
Notas Recebíveis	31,012		
Inventário de Vendas		240,234	
Suprimentos de Escritório	41,345		
Estoque	52,678		
Seguro Pré-pago		323,567	
Bens Atuais		446,890	
Bens Industriais			
Terreno	65,902		
Edificação			276,123
Amortização		345,567	
Depreciação	73,234	273,456	
Estoque de Equipamentos			320,789
Amortização	23,456		

Minion Condensed

Declaração Financeira
31 de dezembro de 2009

Bens

Bens Atuais

Espécie	21,456		
Contas Recebíveis	33,789		
Notas Recebíveis	31,012		
Inventário de Vendas		240,234	
Suprimentos de Escritório	41,345		
Estoque	52,678		
Seguro Pré-pago		323,567	
Bens Atuais	446,890		
Bens Industriais			
Terreno	65,902		
Edificação			276,123
Amortização		345,567	
Depreciação	73,234	273,456	
Estoque de Equipamentos			320,789
Amortização	23,456		

Univers 57

Declaração Financeira
31 de Dezembro de 2009

Bens

Bens Atuais

Espécie	21,456		
Contas Recebíveis	33,789		
Notas Recebíveis	31,012		
Inventário de Vendas		240,234	
Suprimentos de Escritório	41,345		
Estoque	52,678		
Segurto Pré-pago		323,567	
Bens Atuais	446,890		
Bens Industriais			
Terreno	65,902		
Edificação			276,123
Amortização		345,456	
Depreciação	73,234	273,456	
Estoque de Equipamentos			320,789
Amortização			
Depreciação		436,123	414,345
Bens Industriais	34,345	945,234	

Planilhas de cálculo precisam de muito espaço. Se você usar Courier, o resultado será uma composição com tipos pequenos e facilmente mal interpretados.

Há algarismos que economizam espaço e que são ainda mais legíveis que a Helvetica ou Times, ou aquelas fontes padrão do seu processador de textos. Números em tabelas têm que ser da mesma largura, ou não se alinharão corretamente nas colunas Algarismos alinhados (números que não possuem ascendentes e descendentes) geralmente são tabulares e, consequentemente, desempenham bem essa função; algarismos alinhados é o padrão na maioria das fontes digitais modernas.

Para a máxima legibilidade com economia de espaço extra, observe as tipografias condensadas como a News Gothic ou versões condensadas como a Univers 57, Minion Condensed e Frutiger Condensed. Esses tipos vão compor uma planilha além do esperado: não apenas ficará mais atraente, como ficará melhor para ler.

1234567890
News Gothic

1234567890
Univers 57

1234567890
Minion MM Condensed

1234567890
Frutiger Condensed

1234567890
FF Info Office

1234567890
FF Meta

1234567890
ITC Officina

Não importa para qual direção a tecnologia caminhe, as tipografias que mais veremos são aquelas ainda baseadas nas formas de letras do final do século xv; os modelos venezianos e alemães originais estão evidentes nas várias interpretações dos designers tipográficos desde então. Garamond, Caslon, Baskerville, Bodoni; Gill, Zapf, Dwiggins, Frutiger: todos se inspiraram no passado para desenhar tipografias que eram adequadas ao seu tempo e às suas ferramentas. Cada nova tecnologia de criação de imagens (assim chamamos atualmente) resulta em uma nova geração de designs de tipos. Hoje, as fontes vetoriais podem reproduzir qualquer forma imaginável, se esta não for necessariamente desejável; elas podem igualar e até mesmo aperfeiçoar os refinamentos técnicos e estéticos já sonhados ou alcançados.

Sem considerar as tipografias que funcionam corretamente porque estamos acostumados a elas, há aquelas que desafiam as classificações simplistas de utilidade ou propósito. Estas podem existir apenas porque a primeira ideia que o designer teve pela manhã foi uma nova forma de letra. Essas expressões artísticas pessoais podem não agradar um público mais amplo, mas apenas ocasionalmente o cantor certo transforma facilmente uma simples canção num grande sucesso. Há verdadeiras preciosidades tipográficas escondidas nos catálogos de amostras esperando para serem descobertas. Nas mãos certas, as restrições técnicas se transformam em celebrações da simplicidade e alfabetos desajeitados ganham seu dia de fama.

Não há tipo ruim.

Em 1886 este tipo era novo, moderno e belo. As gerações seguintes consideram o século XIX como "o pior período da história da tipografia"; hoje, admiramos novamente o charme nostálgico destes tipos decorativos.

Leva algum tempo para uma tipografia evoluir do conceito, passar pela produção até chegar à distribuição e, de lá, ao conhecimento do usuário. As tipografias são os indicadores do nosso ambiente visual e, consequentemente, cultural; por essa razão, os designers tipográficos têm que ser hábeis em antecipar tendências. Nenhuma ação de marketing conseguirá fazer um tipo ser aceito se remar contra a maré do seu tempo.

De tempos em tempos, uma tipografia é revivida por designers gráficos e tipógrafos, que lhe sacodem a poeira e mostram-na em novos ambientes, tanto como uma reação contra as preferências predominantes, quanto para simplesmente tentar algo diferente. A solução de problemas atuais parece não se importar quando se trata da escolha dos tipos. Verdadeiros clássicos da tipografia – aqueles com a beleza e proporção de seus ancestrais do século XV – ainda são premiados nos anuários de design mais modernos e badalados.

Não há tipo ruim.

YOGI BERRA

Quando você chegar a uma bifurcação na estrada, tome-a.

Yogi Berra (1925–), o afamado receptor do New York Yankees, foi um dos maiores rebatedores decisivos do baseball de todos os tempos, apesar de um notório mau rebatedor de bolas. Berra, que posteriormente dirigiu o Yankees, tem uma habilidade natural de transformar pensamentos comuns em pérolas linguísticas.

CAPÍTULO 10

Forma Final

Bibliografia

Aprender a usar a tipografia corretamente pode levar a vida inteira, mas será uma vida de prazer. No caso de você ter sido picado pelo bicho tipográfico, aqui está o que recomendamos para futuras leituras no assunto. Esta lista está longe de ser completa, mas inclui tanto os manuais práticos, quanto trabalhos clássicos. Alguns destes livros estão esgotados, mas podem ser encontrados com um pouco de esforço em boas livrarias de usados ou *online*.

Não estamos sugerindo que você leia *online*, mas muitas informações úteis sobre tipos & tipografia podem ser encontradas na web.

BIGELOW, CHARLES, PAUL HAYDEN DUENSING, LINNEA GENTRY. *Fine Print On Type: The Best of Fine Print on Type and Typography.* San Francisco: Fine Print/Bedford Arts, 1988.

BLUMENTHAL, JOSEPH. *The Printed Book in America.* Boston: David R. Godine, 1977.

BRANCZYK, ALEXANDER, JUTTA NACHTWEY, HEIKE NEHL, SIBYLLE SCHLAICH, JÜRGEN SIEBERT, EDS. *Emotional Digital: A Sourcebook of Contemporary Typographics.* New York and London: Thames and Hudson, 2001.

BRINGHURST, ROBERT. *The Elements of Typographic Style. 2nd ed.* Point Roberts, Washington: Hartley & Marks, 1997.

BRINGHURST, ROBERT. *Elementos do Estilo Tipográfico.* Versão 3.0. São Paulo: Cosac Naify, 2005.

CARTER, SEBASTIAN. *Twentieth Century Type Designers.* New York: W.W. Norton & Company, 1999.

CHAPPELL, WARREN, WITH ROBERT BRING-HURST. *A Short History of the Printed Word.* Point Roberts, Washington: Hartley & Marks, 2000.

The Chicago Manual of Style. 15th Edition. Chicago: The University of Chicago Press, 2002.

DAIR, CARL. *Design with Type.* Toronto and Buffalo: University of Toronto Press, 1982.

DOWDING, GEOFFREY. *Finer Points in the Spacing and Arrangement of Type.* Point Roberts, Washington: Hartley & Marks, 1998.

DOWDING, GEOFFREY. *An Introduction to the History of Printing Types.* London: The British Library, 1997.

DRUCKER, JOHANNA. *The Alphabetic Labyrinth, the Letters in History and Imagination.* London: Thames and Hudson, 1997.

DWIGGINS, WILLIAM ADDISON. *Layout in Advertising.* New York: Harper and Brothers, 1948.

FRUTIGER, ADRIAN. *Type, Sign, Symbol.* Zurich: ABC Verlag, 1980.

GILL, ERIC. *An Essay on Typography.* Boston: David R. Godine, 1988.

GORDON, BOB. *Making Digital Type Look Good.* New York: Watson-Guptill, 2001.

GRAY, NICOLETE. *A History of Lettering: Creative Experiment and Letter Identity.* Boston: David R. Godine, 1986.

HARLING, ROBERT. *The Letter Forms and Type Designs of Eric Gill.* Boston: David R. Godine, 1977.

Hart's Rules for Compositors and Readers. London: Oxford University Press, 1967.

HLAVSA, OLDRIČH. *A Book of Type and Design.* New York: Tudor Publishing, 1960.

JASPERT, W. PINCUS, W. TURNER BERRY, A.F. JOHNSON. *The Encyclopedia of Type Faces.* New York: Blandford Press, 1986.

JOHNSTON, ALASTAIR. *Alphabets to Order: The Literature of Nineteenth-Century Typefounders' Specimens.* London: The British Library; New Castle, Delaware: Oak Knoll, 2000.

KELLY, ROB ROY. *American Wood Type 1828–1900.* New York: Van Nostrand Reinhold, 1969.

KINROSS, ROBIN. *Anthony Froshaug: Typography & Texts / Documents of a Life.* Princeton: Princeton Architectural Press, 2001.

KINROSS, ROBIN. *Modern Typography: An Essay in Critical History.* London: Hyphen Press, 1992.

LAWSON, ALEXANDER. *Anatomy of a Typeface.* Boston: David R. Godine, 1990.

LAWSON, ALEXANDER. *Printing Types: An Introduction.* Boston: Beacon Press, 1971.

LEWIS, JOHN. *Anatomy of Printing: The Influence of Art and History on Its Design.* New York: Watson Guptill, 1970.

McGREW, MAC. *American Metal Typefaces of the Twentieth Century.* New Castle, Delaware: Oak Knoll, 1993.

McLEAN, RUARI. *How Typography Happens.* London: The British Library; New Castle, Delaware: Oak Knoll, 2000.

McLEAN, RUARI. *Jan Tschichold: Typographer.* Boston: David R. Godine, 1975.

McLEAN, RUARI. *The Thames and Hudson Manual of Typography.* London and New York: Thames and Hudson, 1980.

MEGGS, PHILIP B., ROY McKELVEY, EDS. *Revival of the Fittest: Digital Versions of Classic Typefaces.* Cincinnati, Ohio: North Light Books, 2000.

MERRIMAN, FRANK. A.T.A. *Type Comparison Book.* New York: Advertising Typographers Association of America, 1965.

MORISON, STANLEY. *First Principles of Typography.* New York: The Macmillan Company, 1936.

MORISON, STANLEY. *A Tally of Types.* Boston: David R. Godine, 1999.

PIPES, ALAN. *Production for Graphic Designers.* 3rd ed. New York The Overlook Press, 2001.

ROGERS, BRUCE. *Paragraphs on Printing.* New York: Dover Publications, 1979.

SMEIJERS, FRED. *Counterpunch: making type in the sixteenth century designing typefaces now.* London: Hyphen Press, 1996.

SPIEKERMANN, ERIK. *Rhyme & Reason: A Typographical Novel.* Berlin: Berthold, 1987.

TRACY, WALTER. *Letters of Credit: A View of Type Design.* London: Gordon Fraser, 1986.

TSCHICHOLD, JAN. *Alphabets and Lettering: A Source Book of the Best Letter Forms of Past and Present for Sign Painters, Graphic Artists, Typographers, Printers, Sculptors, Architects, and Schools of Art and Design.* Ware, Hertfordshire, England: Omega Books, 1985.

TSCHICHOLD, JAN. *The Form of the Book: Essays on the Morality of Good Design.* Point Roberts, Washington: Hartley & Marks, 1997.

UPDIKE, DANIEL BERKELEY. *Printing Types: Their History, Forms, and Use.* 2 vols. New Castle, Delaware: Oak Knoll, 2001.

WILLIAMSON, HUGH. *Methods of Book Design: The Practice of an Industrial Craft.* New Haven and London: Yale University Press, 1985.

Índice remisssivo

A
acentos, **13, 57**
Adobe Illustrator, **17**
Aicher, Otl, **109**
alfabetos, **27, 31, 39, 107, 125**
algarismos, **67, 73, 85, 107, 127, 171**
altura da maiúscula, **55**
altura-de-x, **55, 57, 101, 145**
anúncios, **79, 83 89, 92, 149, 163**
arquitetura, tipos para, **73**
ascendentes, **55, 89, 101, 107, 171**

B
Bankhead, Tallulah, **24**
Benton, Morris Fuller, **87**
Berlow, David, **89**
Bigelow, Charles, **67**
bitmaps, **35, 39, 71, 121**
Blokland, Erik va, **159**
Bodoni, Giambattista, **65**
bold, tipos, **67, 91, 92, 113**

C
caixas, **85, 87, 99, 101, 153, 155, 165**
comunicações comerciais, **19, 65, 83**
Caslon, William, **77**
catálogos, **147**
colunas, **15, 77, 145, 151**
computadores, **81, 121, 125, 135, 153**
condensadas, fontes, **91, 113**
Copperplates, **69**
cor
    Dicas para, **92**
    Monitores, **81**
    Texto, **137**
cursiva, **63, 73, 161**

D
da Vinci, Leonardo, **55**
de Groot, Lucas, **67**
descendentes, **55, 57, 101, 107**
dingbats, **95**
desenhos, **33, 87, 95, 151, 159**
design gráfico, **81**
Dwiggins, William Addison, **142, 173**

E
eixos de design, **117**
empresas, **83**
escrita, **69**
    instrumentos, **31**
manual, **29, 47, 63, 85, 163**

espaçamento
    entre letras, **125, 127, 129, 135, 137, 140**
    entre linhas, **15, 55, 92, 77, 129, 133, 135**
    entre palavras, **39, 129, 131, 133, 135, 137, 141**
proporcional, **125**
espaço branco, **113**
estêncil, tipos, **159**
Expert Sets, **107**

F
fontes. Veja também tipos; tipografias
    bitmaps, **57, 159**
    criação de, **57, 159, 163**
    cursivas, **63, 161**
    digitais, **27, 87, 159, 171**
    espaçamento proporcional, **125**
    formais, **69**
    formas, **85**
    monoespaçadas, **21, 125, 169**
    tela, **21, 35, 57, 73, 155**
    tamanho, **65, 119**
    versátil, **89**
formas, de letras, **49, 73, 81, 113, 119**
formulários, **18, 19, 84–85, 155**
fotografias, **151**
Fraktur, **29**
Franklin, Benjamin, **76, 77**
Freud, Sigmund, **36**
Frutiger, Adrian, **65, 85, 111**

G
germânicas, tipografias, **29**
Gill, Eric, **96**
Gillespie, Joe, **57**
Goudy, Frederic, **122**
grids, **147, 149, 153**
Griffith, Chauncey H., **61**
Gutenberg, **29, 31**

H
Hamburgefons, **39**
Handgloves, **39**
Harvey, Michael, **63**
hinting, **121**
Holmes, Kris, **67**
Holmes, Sherlock, **74**

I
ilustrações, **147, 151**
impressoras a laser, **57, 67, 73, 153**
impressão tipográfica, **89**

inscrições gregas, **49**
itálicas, **63**

J
jornais, **12–15, 38, 61, 91, 92**

K
Keere, Hendrik van den, **61**
kerning, **55, 127**

L
Le Corbusier, **33**
legendas, **149**
legibilidade, **61, 77, 99, 101,119**
leitura, **31, 145–149**
letras
 história, **125**
 espaçamento, **125, 127, 129, 135, 137**
 instrumentos, **159**
Licko, Zuzana, **69**
ligaduras, **107**
linhas
 comprimento de, **149**
 curtas. **131, 133, 149**
 em formulários, **85**
 espaçamento de, **15, 55, 77, 129, 133, 135**
 horizontais, **153**
 longa, **137**
 verticais, **153**
linha base, **55**
Linotype, **61, 85**
livros, **38, 77, 145–151**
livros de capa mole, **38, 77, 145**

M
Majoor, Martin, **69**
máquinas de escrever, **107, 125, 153, 159**
margens, **27, 77, 145, 147**
Marx, Groucho, **156**
Matrizes múltiplas, tipos de, **117, 119**
Mergenthaler, Linotype, **61**
metal, tipos de, **45, 55, 57, 89, 163**
Middleton, R. Hunter, **159**
Miedinger, Max, **11**
miolo, **55**
monitores, **121**
monoespaçadas, fontes, **125**
Mulligan, Gerry, **58**
Multiple Master, **117, 119**

N
Nostalgia, **89**
Números, **107**

P
paisagem, formato, **92**
Page, William Hamilton, **89**
pixels, **57, 121**
PostScript, **65, 81**
Powell, Gerry, **159**
propostas tipográficas, **40–45**

R
revistas, **87, 147, 149**
retrato, formato, **92**
Renner, Paul, **79**
Rickner, Tom, **89**
Romano, alfabeto, **27, 31**
Rossum, Just van, **159**

S
sans serif, **51, 52, 87, 99, 109**
Sauerteig, Steffen, **73**
serifas, **49, 51, 55, 63**
Shaw, George Bernard, **77**
símbolos, conjunto de, **95**
símbolos, **95**
sinais, **22, 23, 95, 99, 161, 163**
Slimbach, Robert, **67, 105**
Smeijer, Fred, **87**

T
tamanho em pontos, **145**
telas de LCD, **121**
telas de monitor, **35, 57, 73**
texto
 cor, **137**
 invertido, **140**
 negativo, **140**
 branco x preto, **140**
tipografias. Veja também
 fontes;
 associações a produtos,
 bold, **67, 91, 92, 113**
 "burros de carga", **67**
 clássicas, **33, 38, 71, 117**
 comunicações comerciais, **19, 65**
 condensadas, **91**
 criação de, **159, 163**
 descrição, **55**
 emoções, **44–45**
 escolhas, **17, 55, 61, 103, 131**
 futuro de, **35**
 história de, **29–32, 125**

itálicas, **63**
jornais, **13, 15, 38, 61, 91, 101, 119**
legibilidade, **61, 77, 99, 101, 119**
leitura, para, **31, 145–149**
matrizes múltiplas, **117, 119**
moda, **71, 87**
negras e pesadas, **45, 51**
pesos e estilos, **67, 85, 111, 113, 115, 117, 119**
pinceladas (traço), **163**
romanas, **29**
tipos. Veja também fontes;
 classificação, **53, 61**
 descrição, **55**
 famílias, **105, 107, 109, 115**
 importância de, **11**
 máquinas de escrever, **71, 73**
 metal, **57, 89**
tipografias em livros, **38**
títulos, **45, 51, 79, 87, 92, 131, 133**
tracking, **127, 131, 135, 137, 141**
Twombly, Carol, **67, 77**

U
Unger, Gerard, **61, 63**

V
van Blokland, Erik, **159**
van den Keere, Hendrik, **61**
van Rossum, Just, **159**
VanderLans, Rudy, **69**

W
Watzlawick, Paul, **8**
web, páginas, **92, 155**
Wenzel, Martin, **67**

Z
Zapf, Hermann, **65**

Índice de tipos

Aachen Colin Brignall,
1968: **91**
Akzidenz Grotesk Berthold,
1896: **81**
Alternate Gothic Morris Fuller
Benton, 1903: **51**
ITC American Typewriter
Joel Kaden & Tony Stan,
1974: **159**
Andale Mono Steve Matteson
1997: **21,169**
Angst Jürgen Huber, 1997: **51**
Antique Olive Roger Excoffon,
1962: **39,47,51,91,101**
Arial Robin Nicholas &
Patricia Saunders,
1998: **155**
Arnold Böcklin O. Weisert,
1904: **41,42**
FF Atlanta Peter Bilak,
1995: **21**
ITC Avant Garde Gothic
International Typeface
Corporation, 1970: **99**
Banco Roger Excoffon,
1951: **47**
Base 9 Zuzana Licko,
1995: **19,71**
Baskerville John Baskerville,
1757: **38**
Bell Centennial Matthew
Carter, 1978: **39**
Bell Gothic Chauncey H.
Griffith, 1938: **167**
Bembo Monotype
Corporation, 1929: **29**
ITC Benguiat Ed Benguiat,
1977: **103**
Berliner Grotesk Erik
Spiekermann, 1979: **89**
Bickham Script MM
Richard Lipton, 1997: **31**
Block H. Hoffmann, 1908:
45,51,89,91
Bodega Greg Thompson,
1990: **45**
Bodoni Giambattista
Bodoni, 1790: **83**

Bauer Bodoni Bauer
Typefoundry, 1926: **69,83**
Berthold Bodoni Berthold,
1930: **83**
ITC Bodoni Janice Fishman,
Holly Goldsmith, Jim
Parkinson & Sumner
Stone, 1994: **53,65,83**
FF Bokka John Critchley
& Darren Raven, 1997: **95**
Brush Script Robert E. Smith,
1942: **21,163**
PMN Caecilia Peter Matthias
Noordzij, 1991: **165**
Cafeteria Tobias Frere-Jones,
1992: **63**
Caledonia William Addison
Dwiggins, 1938: **142**
Californian Lanston Mono-
type Corporation, 1957: **81**
Campus Mecanorma: **41,42**
Carta Lynne Garell, 1986:
52,95
FF Care Pack Johannes Erler,
1992: **95**
Adobe Caslon Carol Twombly,
1990: **39,77**
Caslon William Caslon,
1725: **38,77,165**
FF Catchwords Jim Parkinson,
1996: **89**
Centaur Bruce Rogers,
1928: **53**
Centennial Adrian Frutiger,
1986: **85**
Charlemagne Carol Twombly,
1990: **53**
ITC Charter Matthew Carter,
1993: **167**
ITC Cheltenham Morris Fuller
Benton, 1902: **43**
Choc Roger Excoffon, 1955: **47**
FF Confidential Just van
Rossum, 1992: **159**
Cooper Black Oz Cooper, 1926:
41,42,43
Copperplate Gothic Frederic
Goudy, 1901: **21,69**
Coranto Gerard Unger,
1999: **61**
Corona Chauncey H. Griffith,
1940: **61,167**
Corporate A.S.E. Kurt
Weidemann, 1990: **39**

Courier Bud Kettler, 1945:
19,109,165,169,171
Critter Craig Frazier, 1993: **31**
FF Din, Albert-Jan Pool,
1995: **71,99**
DIN Mittelschrift
(DIN-Schrift): **22,23**
Dizzy Jean Evans, 1995: **47**
Dogma Zuzana Licko,
1994: **47**
FF Dot Matrix Stephen Müller
& Cornel Windlin, 1992:
21
Eagle David Berlow, 1989: **51**
Eagle Bold Morris Fuller
Benton, 1933: **51**
Egyptienne F Adrian Frutiger,
1956: **167**
Electra William Addison
Dwiggins, 1935: **142**
Ellington Michael Harvey,
1990: **63**
Empire Morris Fuller
Benton, 1937: **45**
Bureau Empire David Berlow,
1989: **45**
FF Erikrighthand Erik van
Blokland, 1991: **163**
Excelsior Chauncey H.
Griffith, 1931: **61**
Ex Ponto Jovica Veljovič,
1995: **53**
FF Fago Ole Schäfer, 2000: **91**
ITC Fenice Aldo Novarese,
1977: **69**
ITC Flora Gerard Unger,
1980: **63**
Flyer Konrad Bauer &
Walter Baum, 1962:
51,91
FF Fontesque Nick Shinn,
1994: **63**
Formata Bernd Möllenstädt,
1984: **91**
Foundry Form David Quay &
Freda Sack, 1999: **167**
Franklin Gothic Morris Fuller
Benton, 1904: **91**
ITC Franklin Gothic Vic
Caruso, 1980: **51,67,87**
Franklinstein Fabian Rottke,
1997: **51**
Freestyle Script Martin Wait,
1981: **52**

Friz Quadrata Ernst Friz, 1965: **53**
Frutiger Adrian Frutiger, 1976: **65, 67, 81, 85, 171**
Futura Paul Renner, 1927: **39, 51, 79, 91, 99**
Garamond Claude Garamond, 1532: **38, 165**
Adobe Garamond Robert Slimbach, 1989: **105**
ITC Garamond Tony Stan, 1975: **101**
Stempel Garamond Stempel Typefoundry, 1924: **101**
Geneva Susan Kare, 1983: **155**
Georgia Matthew Carter, 1996: **93**
Giddyup Laurie Szujewska, 1993: **31**
Gill Floriated Eric Gill, 1937: **31**
Gill Sans Eric Gill, 1928: **96, 99, 103, 109**
Giza David Berlow, 1994: **51**
Glypha Adrian Frutiger, 1987: **167**
FF Golden Gate Gothic Jim Parkinson, 1996: **89**
Goudy Heavyface Frederic Goudy, 1925: **43**
Griffith Gothic Tobias Frere-Jones, 1997: **91**
Gulliver Gerard Unger, 1993: **61**
Hamilton Thomas Rickner, 1993: **89**
FF Hardcase Dmitri Lavrow, 1997: **165**
Harlem Neville Brody, 1996: **45**
Hermes Matthew Butterick, 1995: **89**
Helvetica Max Miedinger, 1957: **21, 51, 57, 65, 81, 93, 99, 111, 115, 171**
Helvetica Inserat Max Miedinger, 1957: **115**
Hobo Morris Fuller Benton: 1910: **39**
League Night Ken Barber, 1999: **161**
Impact Geoffrey Lee, 1963: **91**

FF Info Erik Spiekermann & Ole Schäfer, 1996: **23, 167, 171**
Interstate Tobias Frere-Jones, 1993: **71, 91**
Ironwood Kim Buker, Barbara Lind & Joy Redick, 1990: **52**
Jackpot Ken Barber, 2001: **35**
Janson Text Horst Heiderhoff & Adrian Frutiger, 1985: **53**
Adobe Jenson Robert Slimbach, 1996: **31**
Joanna Eric Gill, 1930: **96, 109**
FF Justlefthand Just van Rossum, 1991: **163**
Kabel Rudolf Koch, 1927: **49**
ITC Kabel International Typeface Corporation, 1976: **49**
FF Karton Just van Rossum, 1992: **159**
Kaufmann Max R. Kaufmann, 1936: **161**
Kigali, Arthur Baker, 1994: **31**
Künstler Script Hans Bohn, 1957: **69**
Las Vegas David Quay, 1984: **161**
Letter Gothic Roger Roberson, 1956: **19, 109, 165**
FF Letter Gothic Albert Pinggera, 1998: **71**
Letter Gothic Slang Susanna Dulkinys, 1999: **47**
Lithos Carol Twombly, 1989: **49**
Lo-Res Zuzana Licko, 2001: **35, 159**
Lucida Kris Holmes & Charles Bigelow, 1985: **19, 67, 73, 109, 165, 169**
FF Magda Cornel Windlin, 1995: **165**
Magneto Leslie Cabarga, 1995: **161**
FF Marker Thomas Marecki, 1994: **163**
Matrix Zuzana Licko, 1986: **69**
Memphis Rudolf Weiss, 1929: **53**
Mesquite Kim Buker, Barbara Lind & Joy Redick, 1990: **41, 42**

FF Meta Erik Spiekermann, 1991: **39, 67, 99, 171**
Metro William Addison Dwiggins, 1930: **142**
Mini 7 Joe Gillespie, 1989: **57**
Minion multiple master Robert Slimbach, 1992: **109, 119, 140, 171**
Mistral Roger Excoffon, 1955: **47, 163**
Modula Zuzana Licko, 1985: **71**
Mrs. Eaves Zuzana Licko, 1996: **69**
Myriad Carol Twombly & Robert Slimbach, 1992: **67, 99, 109, 111, 171**
Mythos Min Wang & Jim Wasco, 1993: **31**
Neon Stream Leslie Cabarga, 1995: **161**
Neue Helvetica Linotype Corporation, 1983: **85, 111, 113, 115**
News Gothic Morris Fuller Benton, 1908: **67, 171**
Nugget Ken Barber, 2001: **35**
OCR-A American Typefounders, 1968: **71**
OCR-B Adrian Frutiger, 1968: **19**
FF OCR F Albert-Jan Pool, 1995: **21**
ITC Officina Erik Spiekermann, 1990: **19, 51, 67, 109, 167, 171**
Ottomat Claudio Piccinini, 1995: **47**
Palatino Hermann Zapf, 1952: **65**
FF Peecol Kai Vermehr & Steffen Sauerteig, 1998: **35**
Perpetua Eric Gill, 1925: **96**
Poplar Kim Buker, Barbara Lind & Joy Redick, 1990: **51, 91**
Poynter Tobias Frere-Jones, 1997: **61**
FF Profile Martin Wenzel, 1999: **67**
Proforma, Petr van Blokland, 1994: **167**
FF Providence Guy Jeffrey Nelson, 1994: **163**

FF Pullman Factor Design, 1997: **89**
FF Quadraat Fred Smeijers, 1992: **87**
Rad John Ritter, 1993: **31**
Reporter C. Winkow, 1953: **163**
Rhode David Berlow, 1997: **89**
Rosewood Kim Buker Chansler, 1992: **31**
Agfa Rotis Otl Aicher, 1989: **109**
Runic Condensed Monotype Corporation, 1935: **45**
Sabon Jan Tschichold, 1966: **53**
FF Sari Hans Reichel, 1999: **91**
Sassoon Primary Rosemary Sassoon, 1990: **39**
FF Scala Martin Majoor, 1996: **69, 103**
Stempel Schneidler F. H. E. Schneidler, 1936: **43, 63**
MvB Sirenne Alan Greene, 2002: **52**
Snell Roundhand Matthew Carter, 1965: **41, 42, 69**
Solex Zuzana Licko, 2000: **51**
ITC Souvenir Ed Benguiat, 1977: **43**
Spartan Classified John Renshaw & Gerry Powell, 1939: **39**
Steile Futura Paul Renner, 1953: **51**
Stencil Robert Hunter Middleton, June 1937: **159**
Stencil Gerry Powell, 1937: **159**
ITC Stone Sumner Stone, 1987: **52, 109, 165**
Streamline Leslie Cabarga, 1995: **161**
Studz Michael Harvey, 1993: **31**
FF Sub Mono Kai Vermehr, 1998: **35**

Suburban Rudy Vanderlans, 1993: **69**
Swift Gerard Unger, 1985: **39**
Syntax Hans-Eduard Meier, 1968: **49, 53**
Tagliente Initials Judith Sutcliffe, 1990: **31**
Tekton David Siegel, 1990: **41, 42, 103**
Tempo Robert Hunter Middleton, 1940: **91**
Tenacity Joe Gillespie, 2001: **73, 93**
Thesis Luc(as) de Groot, 1996: **52, 67, 81, 99, 169**
Times New Roman Stanley Morison & Victor Lardent, 1931: **21, 57, 61, 65, 93, 155, 171**
Trajan Carol Twombly, 1989: **27**
FF Trixie Erik van Blokland, 1991: **159**
FF Typestar Steffen Sauerteig, 1999: **71, 73**
Univers Adrian Frutiger, 1957: **51, 65, 81, 85, 111, 115, 171**
Universal News and Commercial Pi: **53, 95**
Utopia Robert Slimbach, 1989: **167**
Verdana Matthew Carter, 1996: **19, 21, 73, 93, 155**
Berthold Walbaum Günter Gerhard Lange, 1976: **69**
ITC Weidemann Kurt Weidemann, 1983: **39**
Weiss Rudolf Weiss, 1926: **101**
Wilhelm Klingspor Gotisch™ Rudolf Koch, 1925: **53**
FF Xscreen Kai Vermehr, 1999: **57**
FF Zapata Erik van Blokland, 1997: **39**
Zebrawood Kim Buke Chansler, 1992: **31**

Créditos

183

8 Paul Watzlawick
Citação de
domínio público

28 *Hypnerotomachia Poliphili*
Foto:
Fred Brady

10 Sal & Pimenta
Foto:
Dennis Hearne,
San Francisco

30 Mostras de escrita manual
Da biblioteca de
Jack Stauffacher,
São Francisco

12 Jornais
Foto:
© Good Shoot
Business and
Communication

32 Árvore no inverno
Foto:
Peter de Lory,
São Francisco

16 Rótulos
Design tipográfico:
Thomas Nagel

34 www
Design tipográfico:
Michael Balgavy,
Viena

20 Ovo
Foto:
Erik Spiekermann,
Berlin

36 Citação atribuída
ao Sr. Freud

Quotation attributed
to Mr. Freud

22 Sinal
estrada alemão
Foto:
Helmuth Langer,
Köln

40-42 Sapatos
Foto:
© Adobe Systems

Design da capa:
Luciano Cardinali
São Paulo

Foto:
Erik Spiekermann
(fornecida pelo autor)

Ilustração da ovelha:
cortesia da
csaimages.com

24 Citação atribuída
ao Sr. Bankhead

Quotation attributed
to Ms. Bankhead

44 Dúvida
Foto:
Dennis Hearne,
San Francisco
Modelo:
Megan Biermann

6 Sinal de trânsito,
Estocolmo

Foto:
Erik Spiekermann,
Berlin

26 Coluna de Trajano,
Roma
Foto: Victoria &
Albert Museum,
Londres

46 Surpresa
Foto:
Dennis Hearne,
San Francisco
Modelo:
Megan Biermann

48 Joy
Foto:
Dennis Hearne,
San Francisco
Modelo:
Megan Biermann

66 Work
Foto:
Peter de Lory,
San Francisco

104 The Trapp family
Foto:
© Wide World Photo

50 Raiva
Foto:
Dennis Hearne,
San Francisco
Modelo:
Megan Biermann

68 Formal
Foto:
Peter de Lory,
San Francisco

106 Guitars
Foto:
© Wide World Photo

54 Hand drawing
Leonardo da Vinci
Foto:
© Visual Language Library
Art of Anatomy (VIII)

70 Trendy
Foto:
Peter de Lory,
San Francisco

108 The Lawrence Welk family
Foto:
© The Bettman Archives

56 Palm Pilot
Foto:
Erik Spiekermann,
Berlin

72 Mosaic facade
Foto:
Erik Spiekermann,
San Francisco

110 The Concert (ca. 1550)
© The Bridgeman
Art Library

58 Gerry Mulligan
Quotation from a
radio interview:
used with permission
of National Public Radio

74 Sherlock Holmes
Quotation from
Beatrice Warde used
with permission of the
Typophiles, inc.

112 Tuba player
Foto:
© Wide World Photo

60 Packing to travel
Foto:
Peter de Lory,
San Francisco

94 Symbols
Typographic design:
Thomas Nagel

114 Metronome
Foto:
Dennis Hearne,
San Francisco

62 Vacation
Foto:
Peter de Lory,
San Francisco

96 Eric Gill
Quotation used
with permission
of David R. Godine,
Publishers

116 Young Philharmonic
Orchestra, Vienna
Foto:
Rita Newman,
Vienna

64 Business
Foto:
Peter de Lory,
San Francisco

98, 100, 102
John, Paul, George & Rita
Fotos:
Dennis Hearne,
San Francisco

118 Small book
Foto:
Dennis Hearne,
San Francisco
from the collection
of Joyce Lancaster
Wilson

185

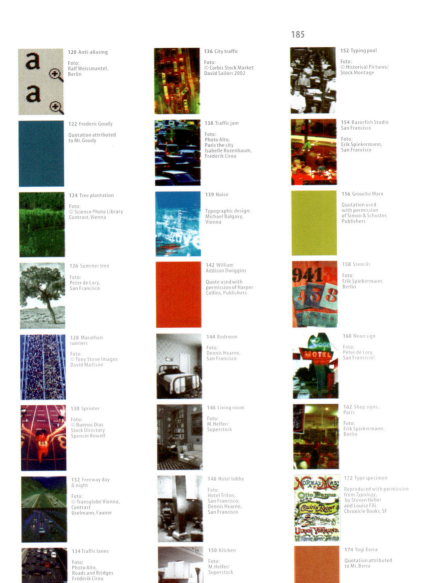

120 Anti-aliasing
Foto:
Ralf Weissmantel,
Berlin

122 Frederic Goudy
Quotation attributed
to Mr. Goudy

124 Tree plantation
Foto:
© Science Photo Library
Contrast, Vienna

126 Summer tree
Foto:
Peter de Lory,
San Francisco

128 Marathon
runners
Foto:
© Tony Stone Images
David Madison

130 Sprinter
Foto:
© Buenos Dias
Stock Directory
Spencer Rowell

132 Freeway day
& night
Foto:
© Transglobe Vienna,
Contrast
Uselmann, Fauner

134 Traffic lanes
Foto:
Photo Alto,
Roads and Bridges
Frédérik Cirou

136 City traffic
Foto:
© Corbis Stock Market
David Sailors 2002

138 Traffic jam
Foto:
Photo Alto,
Paris the city
Isabelle Rozenbaum,
Frédérik Cirou

139 Noise
Typographic design:
Michael Balgavy,
Vienna

142 William
Addison Dwiggins
Quote used with
permission of Harper
Collins, Publishers

144 Bedroom
Foto:
Dennis Hearne,
San Francisco

146 Living room
Foto:
M.Helfer/
Superstock

148 Hotel lobby
Foto:
Hotel Triton,
San Francisco;
Dennis Hearne,
San Francisco

150 Kitchen
Foto:
M.Helfer/
Superstock

152 Typing pool
Foto:
© Historical Pictures/
Stock Montage

154 Razorfish Studio
San Francisco
Foto:
Erik Spiekermann,
San Francisco

156 Groucho Marx
Quotation used
with permission
of Simon & Schuster,
Publishers

158 Stencils
Foto:
Erik Spiekermann,
Berlin

160 Neon sign
Foto:
Peter de Lory,
San Francisco!

162 Shop signs,
Paris
Foto:
Erik Spiekermann,
Berlin

172 Type specimen
Reproduced with permission
from *Typology*,
by Steven Heller
and Louise Fili,
Chronicle Books, SF

174 Yogi Berra
Quotation attributed
to Mr. Berra

Glossário

Altura-de-x – Medida que representa a altura da letra minúscula em determinada tipografia. Considera-se a distância da linha base até a linha de "x" (linha média).

Anti-Alising – Tecnologia que suaviza os contornos marcados dos pixels em uma imagem de mapa de bits (*bitmaped*), intercalando pixels em tons de cinza entre pixels brancos e pretos.

Ascendente – Parte das hastes das letras minúsculas que se eleva acima da linha de "x", Esta altura é determinada pela linha da ascendente, posicionada acima da linha de "x".

Bitmap – "mapa de bits" representado por pixels dispostos em um grid ortogonal que compõe as imagens digitais.

Bold – Negrito; versão mais pesada de um determinado tipo. Pode variar de Semi Bold, Bold, Extra Bold, Black a Extra Black.

Cascading Style Sheets (CSS) – Em português, Folha de Estilo em Cascata é uma linguagem de estilo utilizada para definir a apresentação de documentos escritos HTML ou XML, como cores do texto, cores dos títulos, cor do fundo, tipos de letras, etc.

CMYK – As cores básicas de impressão: ciano, magenta, amarelo e preto. A sigla é formada pelo inglês: *cyan*, *magenta*, *yellow* e *Black* (o k significa *key* – padrão ou base).

Contraforma – Termo que se refere tanto ao espaço interno das letras (miolo) como ao espaço formado ao redor ou entre as letras.

Corpo (body type) – Altura de uma letra, normalmente medida em pontos, corresponde, aproximadamente, à medida do topo da ascendente até a base da descendente.

Descendente – Parte das hastes das letras minúsculas e maiúsculas que se projeta para baixo da linha base e é delimitada pela linha da descendente.

Dingbats – Fontes iconográficas; conjunto de desenhos, geralmente seguindo um tema específico, dispostos no padrão de uma fonte tipográfica.

Expert Set – Conjunto de caracteres especiais; variante de estilo de uma fonte que contém caracteres especiais como ligaduras, sinais específicos, algarismos elzevirianos ou *Old Style* (não alinhados), versaletes, frações, ornamentos, etc.

Fundição (*foundry*) – Empresa que fabrica tipos de metal ou edita fontes digitais.

Grid – Grade de alinhamentos, verticais e horizontais, que divide um campo em partes que servem como guias para a disposição de todos os elementos gráficos, como imagens, colunas de texto, títulos, legendas, etc.

Grotesca – Tipos sem serifas e sem contrastes em suas hastes.

Interpolação – Cálculo de valores e geração de formas intermediárias entre dois objetos. Em tipografia, é empregada especialmente nas fontes Multiple Masters e no design de pesos intermediários em famílias de fontes.

Kerning – Ajuste de espaçamento, para mais ou para menos, entre dois caracteres específicos – pares de *kerning* – que corrige distorções de espaçamento provocado pela conjunção de certas formas de letras. Em português os termos "crena" e "crenagem" podem ser aplicados. Contudo, pela imposição da frequência do uso, o termo em inglês é adotado como padrão.

Leading – Espaçamento entre linhas medido em pontos – estende-se da base de uma linha de texto à base da linha seguinte –, também é conhecido como "espaço branco", "lingotes" ou "lingões" pelos compositores de tipos móveis, variando o nome de acordo com a espessura.

Lead-in – Forma de diagramar o início de um texto onde o corpo das letras das primeiras linhas são maiores e gradualmente diminuem até chegar ao corpo do texto corrente, conduzindo o leitor ao conteúdo.

Linha base – Linha que guia e alinha a base de todas as letras. Maiúsculas e minúsculas se apoiam neste alinhamento, não considerando as descendentes.

Miolo – Oco; vazio; parte interna de uma letra, especialmente áreas fechadas como no "O".

Multiple Master Fonts ou Fontes de Matrizes Múltiplas (MMF) – São fontes com programação embutida que possui duas ou mais fontes "*masters*" que podem ser interpoladas, gerando inúmeras variações intermediárias. As interpolações seguem "eixos" que podem indicar variações de pesos, inclinação, largura ou tamanho óptico.

Monitor CRT – Tecnologia de Tubos de Raios Catódicos (*cathode ray tube*,) para monitores e TVs, facilmente reconhecidos pelo formato abaulado na parte traseira.

Personal Digital Assistants (PDAs ou Handhelds), ou Assistente Pessoal Digital – É um pequeno computador com grande capacidade de processamento. Pode ser empregado como agenda eletrônica, conexão à internet e correio eletrônico, planilha de cálculos, editor de textos e outras funções básicas.

Pixel – Ponto, geralmente quadrado, que representa a menor unidade que compõe as imagens digitais. É disposto em uma grade bidimensional, variando em cor e intensidade.

RGB – Modelo cromático para as cores em forma de luz representado pelas cores vermelha (*Red*), verde (*Green*) e azul (*Blue*), presente em todos os dispositivos eletrônicos que utilizam telas ou monitores. É um sistema aditivo de cores primárias, isto é, a soma de suas cores básicas resulta em branco.

Sans Serif – Tipos que não possuem serifas – remates salientes nas extremidades de determinadas tipografias.

Scanner – Dispositivo de hardware que digitaliza imagens ou qualquer material bidimensional, transformando as imagens em informações digitais.

Titling – Tipos apenas em maiúsculas, concebidos para serem empregados em cabeçalhos, títulos ou intertítulos, ou seja, em tamanhos maiores. Possuem refinamentos nas formas apropriados para uma melhor performance nesses tamanhos.

Versaletes (*small capitals*) – Letras maiúsculas desenhadas na altura de "x" ou ligeiramente maior. Utilizadas para reduzir o impacto de palavras inteiras em maiúsculas, favorecendo a textura e a cor de um texto.

Erik Spiekermann

Nascido em 1947 perto de Hanover, Alemanha, Erik Spiekermann refere-se a si próprio como um designer tipográfico assim como um designer de tipos. Financiou os próprios estudos em história da arte na Universidade Livre de Berlim ao comandar uma oficina de impressão tipográfica no porão de sua casa. Depois de sete anos como designer *freelance* em Londres, retornou a Berlim em 1979. Ali, fundou a MetaDesign, que cresceu como o maior escritório de design da Alemanha, atingindo mais de 200 funcionários em 2000.

O escritório da MetaDesign em São Francisco foi inaugurado em 1992 com os sócios Bill Hill e Terry Irwin; em Londres, o escritório foi aberto em 1995. A carteira de clientes espalhados pelo mundo vai desde a Adobe Systems, Appel Computer, Audi, Berlin Transit, Aeroporto Internacional de Dusseldorf, IBM e Nike, até a Skoda, Lexus Europe, Heidelberg Printing Machines e Volkswagen.

Iniciou sua carreira no design redesenhando velhos tipos em metal da biblioteca da Berthold, nos anos 1970: LoType e Berliner Grotesk. Em 1989, fundou a FontShop International, editores da coleção da FontFont. A coleção inclui vários designs dele próprio: FF Meta tornou-se uma das tipografias mais populares dos EUA e Europa; outra de suas tipografias, a FF Officina, é amplamente utilizada no design para Web; FF Info, sua última realização, foi escolhida para o sistema de orientação do maior aeroporto europeu.

Escreveu inúmeros artigos, além de quatro livros sobre tipos e tipografia, incluindo este, *Stop Stealing Sheep* (na versão em inglês) para a Adobe Press.

E membro do Type Directors Club New York, The Art Directors Club, AIGA, ACD e D&AD, entre muitos outros. É um Confrade da International Society of Typographic Designers UK, vice-presidente do German Design Council, presidente do International Institute for Information Design e membro honorário do Typographic Circle London. Detém uma cátedra honorária na Academy of Arts em Bremen e ministra oficinas em escolas de design pelo mundo todo. Suas divertidas palestras e sempre controversas participações em júris de competições renderam-lhe reputação internacional como um dos mais importantes designers da Alemanha.

Seu trabalho tem sido considerado como um amálgama da eficiência teutônica com o senso de humor anglo-saxão. Em julho de 2000, retirou-se da diretoria da MetaDesign Berlin. Atualmente, trabalha como consultor de design *freelance* em Berlin, Londres e São Francisco. Desde então, redesenhou as revistas *The Economist*, de Londres; e *Reason*, nos EUA; e a nova tipografia corporativa para a Nokia Corp.

Adobe, the Adobe Press logo, Adobe Caslon, Adobe Garamond, Illustrator, Adobe Jenson, Photoshop, Bickham Script, Carta, Charlemagne, Critter, Ex Ponto, Giddyup, Ironwood, Lithos, Mesquite, Minion, Myriad, Mythos, Poplar, PostScript, Rad, Rosewood, Studz, Tekton, Trajan, Utopia, and Zebrawood are either registered trademarks or trademarks of Adobe Systems Incorporated in the United States and/or other countries. Rotis is a trademark of AGFA Division, Miles, Inc. • Berthold Bodoni and Block Berthold are registered trademarks, and Berliner Grotesk and Berthold Walbaum are trademarks of Berthold Types Limited. • Lucida is a registered trademark of Bigelow & Holmes. • Impact is a trademark of S. Blake. • Aachen, Freestyle, and Las Vegas are trademarks of Esselte Pendaflex Corporation in the U.S.A., of Letraset Canada Ltd. in Canada, and of Esselte Letraset Ltd. elsewhere. • Futura, Stempel Schneidler, Steile Futura, and Weiss are registered trademarks, and Bauer Bodoni is a trademark of Fundicion Tipografica Neufville S.A. • ITC American Typewriter, ITC Avant Garde Gothic, ITC Benguiat, ITC Bodoni, ITC Charter, ITC Cheltenham, ITC Fenice, ITC Flora, ITC Franklin Gothic, ITC Garamond, ITC Kabel, ITC Souvenir, ITC Stone, and ITC Weidemann are registered trademarks, and ITC Officina is a trademark of International Typeface Corporation. • Kaufmann is a registered trademark of Kingsley/atf Type Corporation. • Centennial, Corona, Excelsior, Flyer, Frutiger, Glypha, Helvetica, Janson Text, Künstler Script, Memphis, Neue Helvetica, Palatino, PMN Caecilia, Sabon, Snell Roundhand, Spartan, Stempel Garamond, Syntax, Univers, and Wilhelm Klingspor Gotisch are trademarks of Linotype-Hell AG and/or its subsidiaries. • Tempo is a trademark of Ludlow. • Andale Mono, Arial, Bembo, Centaur, Ellington, Gill Floriated, Gill Sans, Joanna, and Times New Roman are registered trademarks of The Monotype Corporation PLC registered in the US Patent and Trademark office and elsewhere. • Brush and Runic are trademarks of The Monotype Corporation PLC registered in certain countries. • Antique Olive, Banco, and Mistral are registered trademarks of M. Olive. • Reporter is a registered trademark of J. Wagner. • Sassoon is a registered trademark of A. Williams & R. Sassoon. • Campus is a trademark of Mecanorma. • FF Angst, FF Atlanta, FF Bokka, FF Care Pack, FF Catchwords, FF Confidential, FF Din, FF Dot Matrix, FF Fontesque, FF Franklinstein, FF Golden Gate Gothic, FF Hardcase, FF Harlem, FF Info, FF Karton, FF Letter Gothic, FF Letter Gothic Slang, FF Magda, FF Marker, FF Meta, FF OCR F, FF Peecol, FF Profile, FF Providence, FF Pullman, FF Quadraat, FF Sari, FF Scala, FF Sub Mono, FF Trixie, FF Typestar, FF Xscreen, and FF Zapata are trademarks of FSI Fontshop International. • Base 9, Dogma, Matrix, Modula, Mrs. Eaves, Lo-Res, Ottomat, and Suburban are registered trademarks of Emigre. • Bodega, Cafeteria, Dizzy, Eagle, Empire, Giza, Griffith Gothic, Hamilton, Hermes, Interstate, Magneto, Neon Stream, Poynter, Proforma, Rhode, and Streamline are trademarks of The Font Bureau, Inc. • League Night, Nugget, and Jackpot, are trademarks of House Industries. • Mini 7 and Tenacity are trademarks of Pixel Productions. • Tagliente Initials is a trademark of the Electric Typographer. • Geneva is a trademark of Apple Computer, Inc. • Georgia and Verdana are trademarks of Microsoft Corporation • Thesis is a trademark of LucasFonts. • Swift is a trademark of Elsner and Flake. • Kigali is a trademark of Arthur Baker Design. • MvB and Sirenne are trademarks of MvB Fonts. • Coranto and Gulliver are trademarks of Gerard Unger. • All other products and brand names are trademarks of their respective holders.